Les plus belles lettres de femmes

Pour l'édition française :
Conception graphique : Dune Lunel
© Flammarion, 2012
Tous droits réservés
editions.flammarion.fr
N° d'édition : L.01EBAN000188.N001
ISBN : 978-2-0812-3313-3
Dépôt légal : mars 2012

Ce livre est une adaptation de l'ouvrage en langue allemande
publié pour la première fois sous le titre : *Briefe liebe ich, für Briefe lebe ich*
© Elisabeth Sandmann Verlag GmbH, Munich, Allemagne, 2008
Édition allemande : Antonia Meiners, Eva Römer, Sabine Ritter

LAURE ADLER & STEFAN BOLLMANN

TRADUCTION FRANÇAISE
JEANNE ÉTORÉ-LORTHOLARY & BERNARD LORTHOLARY

Les plus belles lettres de femmes

Flammarion

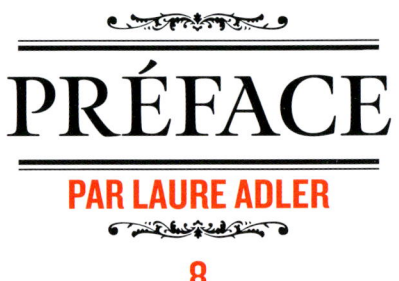

PRÉFACE

PAR LAURE ADLER

8

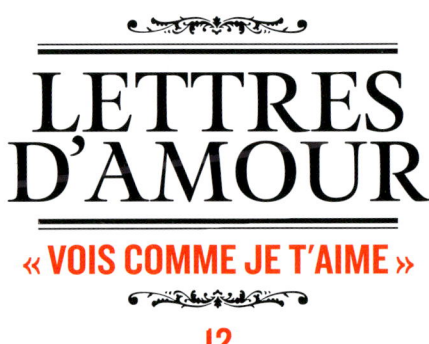

LETTRES D'AMOUR

« VOIS COMME JE T'AIME »

12

LETTRES D'AMITIÉ

« QUELLE VIE ! »

62

LETTRES D'AMOUR
MATERNEL ET FILIAL

« VOUS M'AIMEZ, MA CHÈRE ENFANT... »

92

LETTRES DE FEMMES D'INFLUENCE

LES LETTRES SONT UN ESPACE DE LIBERTÉ

128

LETTRES DE VOYAGEUSES

« JE ME DEMANDE SI NOUS RESTONS TOUJOURS LE MÊME ÊTRE HUMAIN QUAND TOUT DEVIENT AUTRE AUTOUR DE NOUS »

154

BIBLIOGRAPHIE & CRÉDITS ICONOGRAPHIQUES

174

PRÉFACE

PAR LAURE ADLER

On a dit des femmes qu'elles étaient, par définition, par excellence, voire, par nature – ah cette nature dite féminine – des épistolières. C'est faux et cela relève des innombrables clichés qui encombrent l'histoire des femmes. En effet, historiquement, si l'on se réfère aux travaux universitaires rédigés sur ce genre de littérature, il s'avère qu'au XVIIe siècle 2 % de femmes sont répertoriées comme auteurs de lettres, 5 % seulement au XVIIIe selon Frank Nies – étude confirmée par les recherches de Roger Duchêne, qui rappelle que la lettre, catégorie majeure de la prose avec le sermon depuis le Moyen Âge, est réservée aux « grandes âmes », c'est-à-dire aux hommes et particulièrement à ceux pétris de culture gréco-latine.

Car les lettres s'écrivent en latin... Érasme a contribué à fortifier ce genre majeur par son essai *De conscribendis epistolis* (*De la manière d'écrire des lettres*) en 1522, en introduisant dans la lettre un « principe d'infini » qui brise le cercle où « des pédants barbares voulaient enfermer le genre épistolaire ».

Ce sont pourtant des hommes comme Voiture, Pinchêne, Guez du Balzac, qui vont faire des femmes les muses puis très vite les amoureuses de ce tête-à-tête avec soi-même, de cette dérive des sentiments, de cette étourdissante pratique de la langue et des vertiges de l'amour, de ce qu'on n'appelle plus la lettre comme synthèse de l'esprit de concision, mais la lettre de femme dont La Bruyère, dans *Les Caractères*, affirmait qu'elle avait inventé le genre et qu'elle y brillait bien plus que les hommes : « Ce sexe va plus loin que le nôtre dans ce genre d'écrire. Elles trouvent sous leurs plumes des tours et des expressions qui souvent ne sont l'effet que d'un long travail et d'une pénible recherche ; elles sont heureuses dans le choix des termes qu'elles placent si juste que, tout connus qu'ils sont, ils ont le charme de la nouveauté et semblent être faits seulement pour l'usage où elles le mettent ; il n'appartient qu'à elles de faire lire dans un seul mot tout un sentiment, et de rendre délicatement une pensée qui est délicate... »

Vrai : les femmes ont été, dès qu'elles l'ont pu, dès qu'elles l'ont su, dès qu'elles en ont eu la possibilité – voire quand on leur interdisait – de grandes « écriveuses ». Le genre qu'elles ont d'abord feint d'affectionner était le plus facile, le moins pourvoyeur de dissensions dans le cercle familial : lettres qu'on envoie à sa mère pour donner des nouvelles de ses enfants, lettres languissantes adressées à son mari lors de la première séparation, lettres de voyageuse, carnets nomades fixant l'étonnement devant la beauté d'un paysage et l'hospitalité des habitants de contrées lointaines, envoyées comme des bouteilles à la mer sans savoir si elles arriveraient à destination.

La lettre implique la distance, l'absence, la projection dans l'imaginaire

Les femmes, par devoir, ont beaucoup écrit. Par amour aussi, ou plutôt par l'idée qu'elles en avaient, au travers des lettres d'amour insérées dans des romans qui les faisaient rêver… Mise en abyme de la littérature et des fantasmes qu'elle permet d'entrevoir… Lettres effusion. Lettres empathie. Lettres confession.

Combien de lettres soigneusement cachetées sont-elles restées cachées dans des secrétaires, entre des piles de draps, dans les sacs à main, avant d'être découvertes deux ou trois générations plus tard délicatement enrubannées mais à jamais illisibles tant l'humidité les avait rongées ?

Écrit-on à un(e) autre ? Pas si sûr…

La lettre peut être le geste de l'abandon de soi-même, l'apprentissage de la construction de son identité, la réassurance de soi. Journal intime et correspondance possèdent des frontières poreuses : évasion hors de la prison mentale, psychique, physique où les autres vous encagent, méditation sur ses possibilités intellectuelles, rêveries existentielles.

Par définition, nous n'avons accès aujourd'hui qu'à une infime minorité de ces lettres, puisque celles qui ont été conservées l'ont été par décision de leurs auteurs ou de leurs exécuteurs testamentaires, donc le plus souvent par des femmes de la haute société, des femmes dites célèbres ou qui entendaient s'inscrire dans la postérité pour la plupart. Ce qui semble apparaître dans cette *terra incognita* qu'est la littérature épistolaire féminine c'est qu'elles en ont fait – quoi qu'en disent certains grincheux – leur affaire à elles, leur genre à elles, leur butin, leur trésor, leur carapace, leur habitacle, leur oxygène, leur souffle vital.

Pas touche à mes lettres.

Certains hommes, un peu inquiets de cette source de liberté non contrôlée, se sont empressés de qualifier cette littérature de mineure et de l'apparenter à une sous-conversation. Comme si la lettre d'une femme n'était qu'un flux de paroles, la transcription d'une oralité mal maîtrisée, sans contenu réel, juste une occupation pour passer le temps entre la préparation des repas et le devoir conjugal et, pour les plus riches, le souvenir ébloui des conversations dans les salons...

La lettre de femme est dangereuse pour un homme puisque son sujet, son objet, son essence même est de dire ou de faire durer l'amour. La femme qui écrit des lettres n'est pas celle qui attend : c'est celle qui provoque, par le geste même d'écrire, la passion, l'émotion, le désir.

Quelquefois elle est obligée d'avancer masquée et de transformer l'amour en galanterie ou en amitié dans le but de tromper les benêts qui pensent que les femmes sont soumises : relisons madame de Sévigné ou *La Princesse de Clèves* – qui attisa étrangement l'ire d'un président de la République et qui inspira le titre du dernier livre de Marie Darrieussecq. Clèves, pour Darrieussecq, c'est le nom d'un village où se passent d'étranges initiations sexuelles et découvertes langagières. Mais Clèves, c'est toujours et encore la princesse, et son nom résonne à travers les siècles et parmi les jeunes générations comme le symbole de celle qui osa énoncer, dévoiler puis renoncer au principe même de l'amour. Cette décision sensuelle, irréparable, inéluctable de cette agonie volontaire aux possibilités de son âme et de son corps se construira, s'élaborera, se corsètera et se consolidera par, et grâce à, l'écriture de ses lettres.

Car la lettre est un apprentissage qui devient, imperceptiblement, un agrandissement de soi-même, une croyance en ses propres possibilités.

Une lettre peut, aussi, être factuelle, éphémère. Ça donne des nouvelles de la pluie et du beau temps. N'oublions pas qu'elle demeure l'unique moyen de communiquer. Comme le dira madame de Sévigné, qui sans le savoir inventa (par son insoumission, sa liberté d'esprit et son audace dans sa manière d'utiliser comme elle le voulait sa propre langue) : « Écrire une lettre ce n'est plus une affaire. » Au siècle suivant, les lettres se multiplieront au point qu'au XIXe siècle plus de deux cents millions de lettres circulent par an en France.

On écrit pour être lue mais pas seulement. On le fait aussi pour tromper sa solitude, se réassurer, s'inventer des vies. Quelquefois même on réécrit ses lettres pour enjoliver sa vie et tenter de laisser une image de soi plus conforme aux mœurs en vigueur, comme le fit George Sand, vingt ans après son idylle avec Musset et Pagello, en « truquant », dans son récit, de fausses lettres pour faire accroire son rôle de victime dans cette passion orageuse... Il fallut la perspicacité de son spécialiste Georges Lubin pour découvrir, cent ans plus tard, cette réécriture du soi...

Cet ouvrage peut être lu comme un voyage, un livre d'histoires, la découverte de personnalités qui, au gré de leur correspondance, dévoilent des parts insoupçonnées de leur intimité ainsi qu'un insatiable désir de faire corps avec soi-même, que ce soit dans les moments d'extase comme à l'approche des ténèbres. On y constatera, entre autres, que l'enfance demeure la période de cristallisation de l'idée même de ce dur métier qu'est de vivre – pour paraphraser Pavese –, que les pères demeurent les meilleurs confidents des filles en cas de conflits et que l'amour est de moins en moins une affaire entre sexes mais une affinité d'êtres.

Et comment ne pas terminer par une courte lettre envoyée à une lectrice inconnue :

« **Vous, qui, depuis des années, nous avez fait, dans cette complicité avec Stefan Bollmann, confiance pour nous suivre dans cette cartographie amoureuse des femmes qui lisent, qui écrivent, qui correspondent, vous avez réussi à constituer une sorte de communauté invisible reliée par le sentiment que lire, c'est vivre, que la lecture de certains auteurs et particulièrement de certaines femmes de langue, d'origine et de siècles différents, nous ont aidées, soulagées, fait du bien. Nous leur sommes redevables. De ce que nous sommes. De ce que nous tendons à être. Nous leur sommes reconnaissantes. Elles nous ont permis d'échapper à la solitude, à l'angoisse, au raptus. Vivre, c'est lire aussi.**

Laure Adler

Souvent, la lettre d'amour est le seul genre de lettre pour lequel un homme prend du papier et une plume. Sören Kierkegaard, le philosophe danois, savait bien pourquoi. C'est que la lettre est et reste un incomparable moyen de faire impression sur une jeune fille, nous dit-il, il y a environ cent cinquante ans. Pourtant les lettres d'amour ne sont vraiment pas un domaine masculin. Elles le sont aussi peu que la séduction serait une affaire d'homme. Mais il ne faut pas prendre d'emblée les lettres d'amour de femmes du bout des doigts, comme s'il était par principe exclu que leur bleu pâle légendaire puisse cacher le désir violent d'enflammer le cœur du destinataire. Au contraire, la forme indirecte de la lettre se prête admirablement à des modes de séduction plus subtils que ceux menant sans ambages dans la chambre à coucher, et que nous considérons traditionnellement comme plutôt féminins. Kierkegaard, pour sa part, pensait que la « présence personnelle » n'était pas toujours favorable à l'« extase » (c'est le terme qu'il emploie), c'est-à-dire à l'amalgame de l'auteur réel de la lettre avec une « créature universelle » à laquelle l'amour serait inhérent, ou plus simplement avec l'homme ou la femme dont on rêve. Lorsqu'on était uniquement présent sous forme épistolaire, l'autre vous supportait plus facilement. Mieux encore, la lettre favorisait jusqu'à un certain degré une confusion extrêmement propice à la séduction.

On s'écrit généralement des lettres, et plus précisément des lettres d'amour, pour pallier les périodes de séparation. Dans ce cas, la lettre est un moyen de compensation – motivé par le désir de maintenir le lien, même lorsque l'être aimé brille par son absence. Cette brève esquisse de sa fonction laisse déjà entrevoir pourquoi le cours de la lettre a si fortement baissé et risque encore de tomber beaucoup plus bas. Depuis que nous connaissons le téléphone, le fax, le courriel et le SMS, le lien peut être maintenu de façon beaucoup plus directe, spontanée et commode – sans le détour qu'imposent dans l'espace et dans le temps l'écrit et son acheminement postal.

La lettre d'amour illustre encore une autre fonction de l'échange épistolaire : celle qui consiste non seulement à maintenir le lien, mais à faire naître d'une première relation superficielle, par exemple une rencontre de hasard, un lien plus profond. Là, les formes abréviatives comme le SMS ou le courriel, et même le téléphone, touchent vite aux limites de leurs possibilités. Ce sont des formes « trop courtes » dès lors qu'il s'agit d'un peu plus que d'avertir

LETTRES D'AMOUR

« VOIS COMME JE T'AIME »

d'un retard ou de se dire un petit bonjour. Ainsi ne peut-on guère à travers un SMS donner une peinture nuancée de ses propres sentiments ou de ses pensées – pour cela, il faut déjà une syntaxe un peu plus complexe et surtout des moments de calme dans un lieu tranquille, qui permettent de donner libre cours à ce qui précisément ne peut s'exprimer dans l'agitation du quotidien. Même si depuis l'Antiquité, la lettre passe pour la forme de communication écrite la plus proche de l'expression orale, elle est et reste une production écrite, avec toutes ses vertus inhérentes : elle permet de ne pas répondre directement, mais avec un décalage dans le temps et, ce faisant, non seulement de pénétrer des couches plus profondes de la sensibilité, mais aussi de clarifier un peu ses sentiments et ses pensées. Lorsqu'une relation amoureuse en est réduite à la communication épistolaire, on peut regretter le manque de spontanéité et de présence physique que cela implique. Mais l'amour atteint par là un degré de conscience qui apporte une nouvelle dimension d'intimité et d'attachement.

Les lettres d'amour étaient, d'après Roland Barthes, les variations, sur le mode du thème musical, d'un seul et unique message : « Je pense à toi. » La monotonie et les formules grandiloquentes semblent alors quasiment inévitables. Lettres d'amour, puisque tel est le titre de ce chapitre, laisse déjà soupçonner que la chose devient moins monocorde dès lors que la discorde ou l'inassouvissement dominent – parce que les conventions sociales rendent une liaison impossible ; parce que l'amour n'est pas partagé ou que celui de l'autre n'est pas de la même intensité ; parce que les deux protagonistes sont engagés par ailleurs et que les lettres envoyées en secret alimentent leur amour ; parce que la jalousie ou les illusions romantiques de la jalousie surmontée entrent en jeu, ou encore parce qu'une violente attirance engendre aussi de violents conflits.

Le modèle déjà presque classique d'échange épistolaire qui amorce une liaison nous vient de Londres à l'époque victorienne et nous conduit sous le ciel de l'Italie vers la vie plus libre de Florence. Je veux parler de la correspondance entre la poétesse Elizabeth Barrett et le poète Robert Browning, qu'au mépris de la chronologie j'ai choisi de placer en début de ce chapitre consacré à la lettre d'amour.

ELIZABETH BARRETT & ROBERT BROWNING

«Comment t'aimé-je?»

Entre le 10 janvier 1845 et le 19 septembre 1846, en l'espace de 600 jours, les deux poètes qui vivaient alors à Londres échangèrent 537 lettres, soit en moyenne presque une par jour, le va-et-vient n'ayant que progressivement pris son accélération, et la production s'étant élevée par la suite jusqu'à deux voire plusieurs lettres quotidiennement. Tout commença apparemment lorsque Robert Browning, qui avait grandi dans un milieu nanti et dont les œuvres s'attiraient les jugements de plus en plus sévères de la critique, adressa à la poétesse Elizabeth Barrett, de six ans son aînée, une lettre où il prisait son dernier recueil en termes des plus élogieux. Ce n'est pas rare entre collègues, et c'est aussi dans l'intention de s'assurer l'estime de l'autre. Surtout lorsqu'il s'agit, comme c'était le cas, de la plus grande poétesse vivante de l'époque en Angleterre, ainsi que cette même critique en avait jugé au vu des dernières publications d'Elizabeth Barrett. «J'ai appris à aimer vos vers de tout mon cœur, chère Miss Barrett», déclare Robert Browing au début de sa lettre, pour lui assurer tout de suite qu'il n'écrit pas pour lui adresser de vains compliments, mais parce que sa poésie forte, vivante, est devenue une part de lui-même. «Il n'est pas là une fleur, qui en moi n'ait pris racine et continué de s'épanouir.» Et comme si ce n'était pas assez, dès cette première lettre, il s'enhardit jusqu'à cet aveu inattendu : «J'aime ces livres de tout mon cœur – et vous aussi, je vous aime.»

Avant même que Robert Browning prît sa plume et du papier pour écrire sa première lettre à Elizabeth Barrett, ils avaient tous deux commencé à se «flairer» mutuellement. La poétesse avait fait le premier pas avec sa ballade *Lady Geraldine's courtship* (*Les Fiançailles de Lady Geraldine*) où elle recommandait, pour éveiller la flamme d'une personne adorée, de lui lire un poème sur les grenades de Robert Browning. *Bells and Pomegranates* (*Clochettes et grenades*) était le titre d'un recueil de Browning condamné par la critique, qui l'avait trouvé trop sombre. Elizabeth Barrett justifiait au contraire son conseil d'employer ces poèmes de Browning comme moyen de séduction par une notation poétique : c'est que la grenade révélait, «lorsqu'on la tranchait par le milieu, un cœur dont les artères étaient teintées du sang de l'humanité». En réponse à cet hommage, Browning rapporte dans sa lettre que des années auparavant il a failli de peu voir la poétessc, et il dramatise le récit de cette occasion manquée, la présentant comme une irréversible perte, comme si la porte du saint des saints s'était entrouverte devant lui – il n'y aurait eu qu'un rideau à écarter et il aurait pu entrer –, mais l'étroit accès s'était ensuite refermé, «et cette vision ne devait jamais revenir». Browning savait aussi qu'Elizabeth Barrett était une personne malade, clouée au lit – ce qui entourait cette femme d'une aura de mystère et faisait une bonne part de sa notoriété. La rumeur voulait qu'elle souffrît des suites d'un accident de cheval qu'elle aurait eu dans ses jeunes années et qu'elle

eût contracté en outre la tuberculose. Depuis, elle était censée mener une existence de grande malade, son affliction ayant été aggravée par la mort prématurée de son frère bien-aimé. On prétendait qu'elle était presque totalement incapable de se mouvoir et ne quittait jamais le domicile où ses parents, son père en particulier, veillaient sur elle, et où, mis à part les médecins et quelques rares visites, elle avait perdu tout contact avec le monde extérieur.

Il se précipite vers elle, elle recule un peu, mais jamais à une telle distance qu'il doive renoncer

Il y a donc dès le début quelque chose d'inaccompli en même temps que de prometteur dans cette relation qui, pour commencer, ne se développera que par le truchement de la lettre. Dès le lendemain, Robert Browning a entre ses mains la réponse d'Elizabeth Barrett où elle modère ses grandes espérances en lui signalant que s'il était venu jusqu'auprès de son lit, il aurait été refroidi ou se serait tout au moins ennuyé à mourir et n'aurait plus éprouvé que le désir de se retrouver à des lieues de là. L'alternance d'exaltation et de refroidissement, d'emportement et de doux refus, qui s'esquisse déjà ici, deviendra vite le moteur de cette correspondance. Il se précipite vers elle, elle recule un peu, mais jamais à une telle distance qu'il doive renoncer. De ces attitudes contradictoires naît leur amour, qui devient de plus en plus fort et finit par l'emporter. Ils se séduisent mutuellement, lui par son empressement et son obstination, elle par sa résistance, mais aussi par la conscience de soi qui s'affirme ainsi.

On comprend aisément qu'Elizabeth Barrett ait redouté ce qui se passerait lorsque l'homme pour qui elle éprouvait une attirance de plus en plus forte, la découvrirait dans toute sa fragilité – se détournerait-il, ou bien, et ce serait encore pire, serait-il à l'avenir prisonnier non plus de ses sentiments, mais de la responsabilité qu'il éprouverait à son égard ? Elle ne cesse d'ajourner une rencontre qu'il sollicite inlassablement et qu'elle finit quand même par accepter au bout de quatre mois. Le 20 mai 1845 à

En 1934 et 1957, la METRO GOLDWIN MAYER tira de l'histoire d'amour de la poétesse Elizabeth Barrett,
livrée à un père tyrannique, avec l'écrivain Robert Browning qui lutte vaillamment pour défendre son amour, des films à succès.
Cette prise de vue de la version de 1934 montre Norma Shearer et Fredric March dans les rôles principaux.

trois heures de l'après-midi, Robert Browning monte enfin l'escalier jusqu'au troisième étage du n° 50, Wimpole Street, à Londres, où se trouve la chambre de celle qui est devenue son amie par correspondance. Il découvre alors que sa maladie est moins terrible qu'il ne l'avait redouté, tandis qu'elle lui trouve bien meilleure allure que ne le laissaient supposer les portraits qui existaient de lui. Il reste une heure et demie. Browning lui adresse aussitôt une déclaration d'amour – la seule lettre de ce couple qui ne nous ait pas été conservée. Mais la réponse est claire, ou le semble toutefois : « Vous ignorez quelle peine vous me causez lorsque vous vous exprimez avec tant d'ardeur. » Il lui aurait écrit « de ces choses passionnées »,

qu'elle le prie de ne jamais répéter, ni retirer, « mais d'oublier immédiatement et pour toujours ; ainsi elles disparaîtront simplement entre vous et moi, comme une coquille d'imprimerie entre vous et le compositeur. Et vous le ferez pour moi (...), parce que c'est une condition nécessaire à la liberté future de notre relation. »
Là-dessus, Browning réclama qu'elle lui rendît la lettre et il la détruisit. Il n'aurait en l'occurrence guère pu faire mieux, car de cette façon, Elizabeth Barrett accepta de poursuivre l'échange épistolaire, qui dès lors devint, de sa part à elle aussi, de plus en plus libre et passionné. Les visites de Browning se poursuivirent aussi, durant parfois jusqu'à cinq ou six heures.

Au sentiment de surprise s'ajoute l'impression que Browning ne la prend pas au sérieux

On ne peut pas penser que ce soit uniquement pour des raisons de morale conventionnelle qu'Elizabeth Barrett, alors tout de même déjà âgée de trente-neuf ans, et donc « vieille fille », ait aussi durement repoussé les avances d'un confrère. Les véritables motifs qui entrèrent en ligne de compte se situaient sans doute à différents niveaux. Alors que dans l'optique de Browning, la correspondance n'était que le prélude à une rencontre concrète, Elizabeth en serait plus volontiers restée là et aurait poursuivi le plus longtemps possible la relation uniquement épistolaire. Pour lui, la rencontre et la demande qui s'ensuivit n'étaient que la conséquence naturelle d'une découverte mutuelle à travers les lettres et de la rencontre qui avait été loin de décevoir les profonds espoirs qu'ils avaient conçus. Mais pour elle, c'était une rupture, renforcée par le fait que la conclusion que Robert Browning croyait pouvoir tirer de leur rencontre continuait de mêler les deux genres, car c'est encore par lettre qu'il lui déclarait son amour. Elle voulait un ami et conseiller qui échangeât avec elle dans le domaine où elle se sentait à la hauteur d'un homme : la poésie. Et comment entretenir un échange sur l'écriture de vers mieux qu'en communiquant par écrit, par exemple sous la forme de lettres ? Il avait failli détruire l'équilibre instable de leur relation en ne se pliant pas à cette séparation entre la vie et la poésie, qui jusqu'alors s'était avérée si salutaire pour elle.

Qu'attendait donc cet homme d'une femme malade, théoriquement condamnée à rester alitée, alors qu'il pouvait posséder l'âme d'une poétesse ?

Quelques mois plus tard, lorsque Robert Browning se hasarde à se déclarer pour la deuxième fois, elle cède à ses instances. À ce moment-là, leur relation a pris une tout autre forme, aussi bien à travers les nombreuses lettres qui ont suivi, dont le ton et le contenu sont devenus de plus en plus personnels, que par les nombreuses rencontres. Alors que la première déclaration de Robert Browning lui a donné l'impression qu'il s'amusait d'elle, elle s'est persuadée entre-temps que c'est sa droiture qui l'a incité à lui déclarer son amour. Ce n'est plus un séducteur assoiffé de conquêtes qu'elle voit alors devant elle et qui provoque sa résistance, mais un homme amoureux qui n'attend aucune contrepartie et précisément pour cette raison la captive.

Il est évident que dans son rejet initial, la peur du mariage, qui semblait pour tous deux la suite inéluctable d'une liaison amoureuse, a aussi joué un rôle. Ce n'était pourtant pas le souci de se retrouver avec Robert Browning dans une situation de dépendance matérielle qui aurait compromis son projet d'exister par sa poésie. Lorsqu'ils finiront quand même par mener une vie commune, ils vivront essentiellement des revenus d'Elizabeth : de l'argent, placé dans des emprunts d'État et des compagnies de navigation, que lui avaient légué sa grand-mère paternelle et un oncle. Contrairement à ses frères et sœurs, Elizabeth Barrett n'avait pas besoin de la fortune paternelle pour s'assurer de quoi vivre. Les craintes qui agitaient cette femme de près de quarante ans, dans l'isolement de sa chambre, étaient plutôt liées à une méfiance fondamentale à l'égard de ce que tout le monde appelle l'amour. Non pas qu'elle ne voulût pas y croire. Mais pour ce qui se faisait habituellement sous ce nom, elle n'avait guère que mépris.

Elle écrira plus tard qu'il lui semble qu'« un malentendu involontaire sur le sentiment de l'amour est curieusement universellement répandu, et qu'aucun malentendu n'a d'effets aussi funestes – aucun ne saurait en avoir ». Parmi les mouvements de l'affectivité humaine les plus élémentaires, il n'en est pratiquement pas un que les femmes comme les hommes n'aient déjà pris pour de l'amour, bien sûr avec les meilleures intentions du monde. Elizabeth Barrett énumère : amour-propre, mégalomanie, admiration, pitié, orgueil, besoin de protection, désir de statut social… et elle se lamente : « Ces mariages que l'on voit se conclure tous les jours ! Pires que des solitudes – et plus désespérés ! Pour les deux plus heureux que j'ai jamais connus, l'un des maris dit en confidence à l'un de mes frères (…) qu'en se mariant "il s'était gâché la vue de l'avenir" ; et l'autre se disait en lui-même dans l'instant où il réaffirmait son bonheur exceptionnel : "Mais j'aurais tout aussi bien fait de ne pas l'épouser, elle." » Dans la suite de la lettre, le ton d'accusation s'accentue encore. Elizabeth Barrett parle d'un « système des hommes » contre les femmes, qui fait même de l'hypocrisie et du calcul féminins des réactions pardonnables. « Pourquoi faudrait-il blâmer les femmes d'agir comme si elles avaient affaire à des tricheurs ? – N'est-ce pas le simple instinct d'autoconservation qui les y force ? (…) Et vos hommes "d'honneur", même les plus sincères d'entre eux – ne se sont-ils pas fait une règle (…) de contraindre par tous les moyens une femme à avouer son amour (…), avant de prendre eux-mêmes le risque de compromettre leurs pitoyables vanités personnelles ? »

« Oh – quand on voit comme ces choses sont manigancées par les hommes ! »

Elizabeth Barrett semble avoir été intimement convaincue qu'il régnait dans la relation amoureuse entre l'homme et la femme un déséquilibre contre lequel il n'y avait pratiquement rien à faire. Le mal fondamental du couple, déclare-t-elle ailleurs, réside dans une asymétrie qui s'instaure bien avant le mariage : l'augmentation de pouvoir du côté de l'homme, et les efforts de la femme pour s'élever là-contre. Cette bataille ne pouvait pas être gagnée, cela ne faisait alors aucun doute à ses yeux.

« Il est clair que la femme a été affaiblie et rabaissée par un concours de circonstances », lit-on dans le célèbre texte *Défense des droits de la femme* (*A Vindication of the Rights of Woman*), écrit en 1792 par Mary Wollstonecraft, qu'Elizabeth Barrett avait lu dès l'âge de seize ans. L'argumentation de Mary Wollstonecraft consistait à dire que la dépréciation de la femme provenait non pas de sa nature, mais d'une socialisation qui ne se préoccupait pas de la formation des esprits, mais favorisait seulement les habiles comportements d'adaptation et de soumission. En même temps, elle attribuait aux femmes une solide part de responsabilité dans leur aliénation. Trop d'entre elles faisaient à ses yeux cause commune avec ceux qui les vénéraient au premier abord, mais les méprisaient ensuite. C'est pourquoi Mary Wollstonecraft ne prônait finalement rien moins qu'une révolution du comportement féminin.

À vingt-cinq ans, Elizabeth Barrett notait dans son journal : « Rêvé la nuit dernière que j'étais mariée, je venais juste de me marier. Toutes les difficultés du monde à dénouer ces liens. Je crois que jamais je n'ai considéré mon état de célibat avec plus de satisfaction qu'en me réveillant ! – Je ne me marierai jamais. » À cette date, elle avait déjà publié deux livres de poésie et ses œuvres paraissaient régulièrement dans des revues littéraires. Elle était on ne peut mieux engagée pour s'adjuger ce « droit inné à la liberté » dont avait parlé Mary Wollstonecraft, au prix toutefois de voir son propre registre amoureux rester pratiquement vide, à quelques lignes près.

Comme l'expérience personnelle lui faisait défaut, les livres des autres, en particulier les romans écrits par des femmes, lui importaient d'autant plus pour se faire une idée de ce que pouvait être l'amour en dehors de la soumission au système forcé du mariage conventionnel. Elle avoua un jour à Robert Browning être « passionnée de romans », et ne pas les lire pour leurs qualités littéraires, mais par pur plaisir du récit. Dans *Lélia* de George Sand, c'était surtout, au regard de cette époque, l'extrême liberté des descriptions du désir féminin qui la fascinait ; comme aucune autre femme écrivain avant elle, George Sand, auréolée de scandale et dont la relation triangulaire avec Alfred de Musset et le médecin Pietro Pagello avait mis la moitié de l'Europe en émoi, avait su trouver un langage pour la passion physique de la femme.

La passion n'était toutefois qu'une des dimensions de cette quête d'un amour libéré de la contrainte et de la soumission dans laquelle se lançaient en Europe beaucoup de femmes, précisément cultivées. L'autre aspect,

Les œuvres littéraires de Robert Browning furent particulièrement appréciées du groupe des préraphaélites anglais.
Son poème «LOVE AMONG THE RUINS» inspira à Edward Burne-Jones un tableau du même titre qui date de 1894.

non moins important, était cette égalité entre l'homme et la femme que, déjà avant Mary Wollstonecraft, avait réclamée Olympe de Gouges, ce qui l'avait menée sur l'échafaud.

Elizabeth Barrett n'était disposée à admettre la passion que dans la mesure où elle serait également portée par le respect. Ce n'était pas une question de morale, ni même de répression des inclinations naturelles, comme le laisserait supposer une mésinterprétation très fréquente du phénomène de respect. Cela signifiait surtout le respect de l'autre même dans les domaines où il était différent de soi, et cela voulait dire en outre respect de soi-même, non moins essentiel. C'était tout particulièrement ce dernier aspect qu'Elizabeth n'était pas prête à sacrifier au profit de l'amour – cela s'expliquait principalement par le rapport à son père, qui n'était pas vraiment placé sous le signe du respect mutuel, mais exigeait au contraire une soumission inconditionnelle.

Certes le risque existe que des gens qui s'aiment comme Elizabeth Barrett et Robert Browning, et qui doivent vivre leur amour essentiellement par lettres, tendent à s'idéaliser mutuellement. D'un autre côté, l'absence de distance, caractéristique de la relation amoureuse, peut favoriser la fixation sur des modes de comportement machinaux. Pour Elizabeth Barrett et Robert Browning en tout cas, la distance forcée et la préoccupation de sa propre vie intérieure et de celle de l'autre, qu'implique un échange épistolaire, leur a donné des ailes. On serait presque tenté de penser qu'au fil de leurs 537 lettres, ils ont tous deux effectué une sorte de psychanalyse réciproque (au sens littéral d'analyse de la psyché), bien avant que cette forme de thérapie voie le jour. Ce n'est pas une cure d'entretiens, mais une cure épistolaire qui les a finalement guéris l'un et l'autre : lui de son dégoût de l'existence, elle de ses maux pour une bonne part psychosomatiques, que des décennies plus tard on aurait

Pour se rétablir, Elizabeth passa trois ans à TORQUAY sur la côte du Devon. C'est au cours de ce séjour chez sa tante que se noya son frère Edward. Elle ne se remit jamais totalement de ce traumatisme.

qualifiés de neurasthénie, et provenant aussi pour une large part de sa consommation régulière d'opium depuis sa quinzième année. À peine quelques semaines après le début de leur correspondance, elle rapporte à Robert Browning que, pour la première fois depuis des années, elle est sortie de la maison, au début pour de courtes, puis pour de plus longues promenades.

Avant d'en arriver à l'heureux dénouement qui devait laisser aux deux amants quinze ans de vie conjugale sans nuage, pour autant que nous le sachions, de considérables obstacles devaient encore être écartés de leur route.

Le véritable responsable des maux d'Elizabeth Barrett était un père tyrannique

Car outre le système des hommes, il fallait neutraliser un autre système, que l'on peut considérer comme partie intégrante du premier : celui des pères. On est bien forcé de dire que le véritable responsable des maux d'Elizabeth Barrett était un père tyrannique qui exigeait de sa famille une obéissance absolue. À ses filles, depuis longtemps en âge de se marier, il avait interdit tout commerce avec les hommes, mis à part les relations de parenté. Ses fils devaient aussi se soumettre rigoureusement à ses ordres s'ils ne voulaient pas risquer qu'on leur coupât les vivres. Toutefois, Elizabeth Barrett éprouvait vis-à-vis de ce père autoritaire des sentiments extrêmement ambivalents, une sorte d'amour-haine, remontant à une forme complexe de culpabilité profonde, dont elle ne se libéra qu'à partir de la correspondance avec Robert Browning. La complexité de ce sentiment et sa profondeur ressortent d'une lettre du 25 août 1845 rédigée à bout de souffle. Elle suscita la deuxième déclaration d'amour de Robert Browning, et fit mûrir en lui le projet de tout faire pour qu'elle parvînt à se libérer de rapports que tous deux ne pouvaient qualifier autrement que d'« esclavage ».

Quelques années auparavant – elle avait déjà passé la trentaine –, Elizabeth Barrett, gravement atteinte de tuberculose, avait été envoyée chez une tante à Torquay, sur la côte méridionale de l'Angleterre. Elle était accompagnée de son frère préféré Edward, surnommé « Bro », d'un an son cadet, qui était aussi le préféré du père. Après quelques semaines d'accoutumance, Edward devait partir pour la Jamaïque, où la famille avait fait fortune grâce à des plantations de canne à sucre. Toutefois, comme le moment du départ approchait, la sœur ne put retenir ses larmes, sur quoi la tante écrivit au père pour le prier d'autoriser le frère à rester plus longtemps. Dans sa réponse, le père accédait à cette demande, mais exprimait en même temps un reproche qui se grava comme au fer rouge dans le cœur de la malade. « Dans ces conditions, il ne refusait pas de révoquer son ordre, mais il considérait injuste d'exiger de lui une chose pareille. » Le dilemme moral dans lequel Elizabeth se trouva prise, quoique grièvement malade, elle l'aurait peut-être surmonté, s'il n'était arrivé la pire chose qui se pût imaginer : le frère ne revint pas d'une sortie en mer à la voile, et il resta introuvable bien qu'on l'eût cherché pendant des jours. Même si le père ne lui en fit plus jamais explicitement le reproche – au regard de la réserve formulée en son temps, il ne pouvait y avoir de doute sur la personne qui portait la responsabilité de la mort de ce frère et fils : c'était elle. Elizabeth sombra dans une dépression profonde.

À son retour de Torquay, la distance à l'égard du père laissa vite place à la proximité ancienne ; ainsi se retrouvaient-ils par exemple tous les soirs dans la chambre d'Elizabeth pour dire ensemble la prière. La mort de Bro avait non seulement enlevé à sa sœur malade tout courage de vivre, mais elle avait aussi redoublé les chaînes qui la liaient à son père et à la maison paternelle.

Le père d'Elizabeth, qui se moquait en appelant Browning le « poète aux grenades », lui interdit même un voyage qu'elle devait faire pour des raisons de santé. Elle était certaine que son père n'accepterait jamais son mariage, mais elle retardait toujours la rupture définitive, également certaine de n'avoir pas la force psychologique ni physique de surmonter un affrontement ouvert avec lui. Lorsque le père annonça que la famille allait quitter Londres et

LE SONNET XLIII d'Elizabeth Barrett Browning fait partie des plus beaux poèmes d'amour écrits en langue anglaise, mais aussi de toute la littérature romantique.

s'établir à la campagne, Elizabeth et Robert Browning se marièrent précipitamment, dans le plus grand secret, le 12 septembre 1846. Accompagné de la servante d'Elizabeth et de son chien Flush, un cocker devenu célèbre dans la littérature grâce au roman de Virginia Woolf qui porte le même nom, le couple partit huit jours plus tard pour Paris, puis pour Pise.

La veille, Elizabeth Barrett écrivit encore une lettre à son mari, la dernière des 537. C'est une missive en forme de prière, où l'on voit bien ce que ces deux formes ont en commun. Avec cette dernière lettre, elle quittait aussi définitivement le lieu sûr où, en dépit de toutes les contraintes, elle avait jusqu'alors mené son existence :

Elizabeth Barrett à Robert Browning
Vendredi soir (cachet de la poste : 19 septembre 1846)

« Donc de trois heures et demie à quatre heures – quatre heures, je pense, ne sera pas trop tard. Je ne veux plus écrire – je ne peux plus.

Demain, à cette heure-ci, je n'aurai plus que toi pour m'aimer – mon amour !

Que toi ! Comme on dirait que Dieu ! Nous l'aurons encore, Lui, je prie pour cela...

J'emporte avec moi tes lettres, si fort que crie leur poids. J'ai essayé de les laisser ici, et je n'ai pas pu. C'est-à-dire qu'elles ne voulaient pas rester : ce n'est pas de ma faute, je ne veux pas être grondée.

Est-ce la dernière lettre que je t'écris, mon bien aimé ? Ô si seulement je t'aimais moins... un tout petit, petit peu moins !

Oh – alors je te dirais que notre mariage n'est pas valable ou ne devrait pas l'être ; et qu'il ne faudrait pas que tu viennes me chercher demain. C'est affreux... affreux... que pour la première fois je cause délibérément de la peine ici – pour la première fois de ma vie...

Prieras-tu pour moi ce soir, Robert ? Prie pour moi et aime-moi, afin de me donner courage, si je sens l'un et l'autre –
ta BA

Le couple passe six mois à Pise, et l'état d'Elizabeth Barrett s'améliore de jour en jour. C'est là qu'elle fait à son mari un cadeau de mariage : les 44 sonnets d'amour, dits « Sonnets portugais » (*Sonnets from the Portuguese*), qui devaient rendre son nom à tout jamais immortel dans la littérature anglaise. Toute l'Angleterre lettrée sut bientôt par cœur la dernière strophe de l'avant-dernier sonnet :

« Comment t'aimé-je ? Laisse-moi t'en compter les façons.
Je t'aime du tréfonds, de l'ampleur et de la cime
De mon âme, lorsque, invisible, elle aspire
Aux fins de l'Être et de la Grâce idéale.

Au mois de février 1847, Elizabeth Barrett écrit à ses sœurs : « Il m'aime chaque jour davantage (...) si tous les couples vivaient aussi heureux que nous, combien de mauvaises plaisanteries ne seraient-elles pas démenties. » Et deux mois plus tard : « Robert (...) me fait la lecture, parle et plaisante, pour me faire rire, il me raconte des histoires, improvise des vers dans toutes les langues (...) chante des chansons, m'explique la différence entre Mendelssohn et Spohr, en marquant le rythme sur la table, et quand il a réussi à me réjouir de toutes les façons, il prend ça comme un triomphe (...) Bien sûr, je suis extrêmement gâtée – qui ne faiblirait pas devant tout cela – je m'imagine quelquefois l'opinion que vous devez avoir des effets démoralisants d'une lune de miel aussi prolongée. Et puis, je me dis que le temps où il m'a fait la cour, au moins à cet égard, n'était pas vraiment palpitant. Depuis il y a eu cent fois plus d'attentions, de tendresses, de surprises et même de compliments (...) Nous ne nous disputons jamais ! »

L'année suivante, le couple s'installe à Florence. Ils emménagent dans un appartement dans un petit palais proche des jardins de Boboli, la Casa Guidi. C'est là que naît en 1849, trois jours après le quarante-troisième anniversaire d'Elizabeth, leur fils Robert, appelé Pen. Jusqu'à la mort d'Elizabeth en 1861, le séjour du couple de poètes à Florence sera interrompu de petits ou grands voyages, à Ancône, Ravenne, Milan et Rome, où ils rencontrent les Thackeray, à Paris, où Elizabeth rend visite à George Sand qu'elle admire. Comme ils sont presque toujours ensemble, la 537e lettre est la dernière qu'échangèrent Elizabeth Barrett et Robert Browning. En revanche, pratiquement tout ce qui compte dans le monde littéraire de l'époque est parmi les correspondants du couple devenu, de son vivant déjà, une légende. Il n'y a qu'une personne qui lui importait particulièrement, à laquelle elle pensait encore beaucoup et dont elle n'obtiendra jamais de réponse à ses lettres : son père, qui par ses dispositions testamentaires la déshérita entièrement.

Le père d'Elizabeth n'éprouvait pas de sympathie particulière pour Robert, il redoutait dans le fond ce qui finit par arriver, à savoir que sa fille opte
contre lui en faveur de son amant. Il le surnommait le «POÈTE AUX GRENADES», peut-être parce que ce fruit est l'attribut des dieux du monde souterrain.
Le tableau de Dante Gabriel Rossetti montre Proserpine, femme de Pluton dans la mythologie romaine.

MADAME DE SÉVIGNÉ, par Claude Lefebvre.

MADAME DE SEVIGNE A SON COUSIN MONSIEUR DE COULANGES

Dramatiques fiançailles dans la famille royale

Au cours du « siècle de Louis XIV », une femme se distingue entre toutes par sa correspondance : Marie de Rabutin-Chantal, marquise de Sévigné par mariage. Sept ans à peine après leur union, son mari mourut des suites de plusieurs blessures reçues au cours d'un combat à l'épée contre un rival auprès d'une de ses multiples maîtresses. Le mariage du Breton Henri de Sévigné avec Marie de Rabutin-Chantal avait déjà dû être ajourné de plusieurs semaines à cause d'une affaire d'honneur qui lui avait valu d'être grièvement blessé. Au moment où elle resta veuve, la marquise avait tout juste vingt-cinq ans. Au lieu de se remarier, elle vécut dès lors seule avec ses deux enfants : une fille et un fils. L'orpheline qu'elle était – son père était mort alors qu'elle avait à peine un an et demi et sa mère alors qu'elle en avait sept – avait reçu par l'entremise de la famille de son oncle, une excellente formation en grammaire, littérature et langues étrangères. À la tête d'une considérable fortune, la jeune veuve faisait brillante figure dans les meilleurs cercles parisiens ; elle entretenait des contacts avec de nombreuses personnalités du monde des lettres, notamment dans le salon de Madeleine de Scudéry où l'on tenait le mariage pour une institution dépassée et où l'on plaidait pour sa limitation dans le temps, voire pour la liberté du concubinage. Dans son roman *Clélie*, de 1657, Madeleine de Scudéry trace un délicieux portrait de madame de Sévigné, alors âgée de trente ans.

Avant qu'elle ne devînt une femme de lettres célèbre dont la correspondance fut lue et copiée de toutes parts, dix ans devaient encore s'écouler. Lorsque sa fille qu'elle aimait par-dessus tout épousa, en 1669, le comte de Grignan et alla s'installer avec lui dans la lointaine Provence, le talent épistolaire de la marquise commença à produire ses plus beaux fleurons. Au fil des ans, madame de Sévigné semble avoir écrit à sa fille 764 lettres. À travers ces lettres, les plus belles de la littérature épistolaire française disent les amateurs, on perçoit une tonalité tout autre que celle que Virginia Woolf décrira comme le « froissement dans le sous-bois ». Pour filer la métaphore, nous nous situons là bien au-dessus, à la cime des arbres dont les feuilles bruissent au vent, et qui absorbent toute la lumière. Madame de Sévigné érige la rédaction de correspondance ordinaire en une forme d'art qui est tout sauf artifice. Ses lettres sont la suite naturelle de la

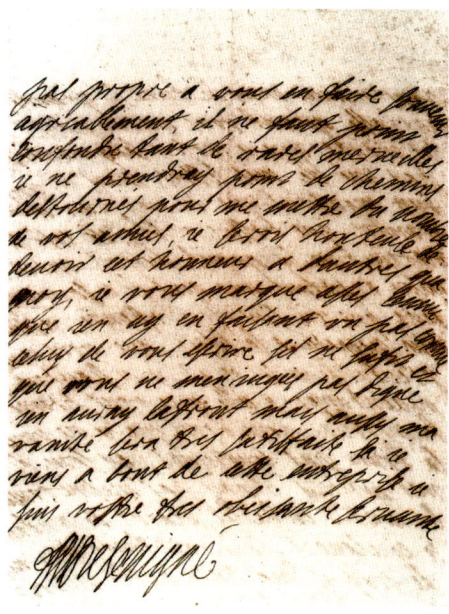

conversation que l'on mène alors dans les salons, qui dans ses meilleurs moments n'était jamais superficielle, mais s'entendait à traiter d'affaires intimes et graves, sans prendre un tour gênant. C'est une observatrice méticuleuse, parfois impitoyable, des comédies et tragédies de l'existence, qui écrit en alliant la mondanité à une connaissance profonde des motivations et des émotions humaines. Proust, dont l'œuvre romanesque porte souvent la marque des pulsations rythmiques de la prose des lettres de madame de Sévigné, appréciait surtout chez elle le fait qu'elle présentait les choses dans l'ordre de ses impressions et non en exposant préalablement leurs causes.

Devenue veuve jeune, madame de Sévigné n'a pas écrit de lettres d'amour, à moins que l'on ne considère comme telles ses lettres à sa fille éloignée d'elle, qui témoignent d'un immense attachement et se délectent de faire circuler l'information. La marquise s'intéressait à tout ce qui pouvait venir à sa fine oreille, à Paris comme à Versailles. Elle n'ignora donc pas un drame amoureux qui fit quelque bruit à la cour en 1670.

Comme chacun sait, le frère du roi était appelé « Monsieur » (bien qu'on lui dît « Monseigneur » pour s'adresser à lui directement) ; sa femme était donc appelée « Madame », et leur fille aînée « Mademoiselle ». Mais que faire lorsque venait à décéder un « Monsieur » et que lui en succédait un autre, qui avait aussi une fille aînée ? Pour Anne Marie Louise d'Orléans, duchesse de Montpensier, nièce de Louis XIII, on choisit de faire précéder le titre de l'adjectif « grand », et on l'appela dès lors la « Grande Mademoiselle ». Ce n'était pas uniquement du fait que son père, à la mort de Louis XIII, avait été appelé le « Grand Monsieur », tandis que Philippe d'Orléans, le frère cadet de Louis XIV, était le « Petit Monsieur ». Il y avait là aussi une allusion évidente à l'allure extérieure de la duchesse de Montpensier, très grande, très corpulente, dont les mouvements étaient tout sauf gracieux. À l'âge de quarante-deux ans, la Grande Mademoiselle n'était toujours pas mariée. Elle tomba alors follement amoureuse du comte Antonin de Lauzun, de six ans son cadet, lieutenant général des dragons, originaire de Gascogne, qui avait fait une carrière fulgurante à la cour. Madame de Sévigné décrit avec un sens accompli du suspense théâtral les réactions de la cour au moment crucial de cette liaison.

À monsieur de Coulanges
À Paris, ce lundi 15 décembre 1670

« Je m'en vais vous mander la chose la plus étonnante, la plus surprenante, la plus merveilleuse, la plus miraculeuse, la plus triomphante, la plus étourdissante, la plus inouïe, la plus singulière, la plus extraordinaire, la

Dans les salons littéraires du XVIIIe siècle, il était courant de lire à voix haute les lettres que l'on recevait.
Ci-dessus : LECTURE CHEZ MADAME DE SÉVIGNÉ, tableau de Joseph-Nicolas Robert-Fleury (1836).

plus incroyable, la plus imprévue, la plus grande, la plus petite, la plus rare, la plus commune, la plus éclatante, la plus secrète jusqu'aujourd'hui, la plus brillante, la plus digne d'envie : enfin une chose dont on ne trouve qu'un exemple dans les siècles passés, encore cet exemple n'est-il pas juste ; une chose que l'on ne peut pas croire à Paris (comment la pourrait-on croire à Lyon ?) ; une chose qui fait crier miséricorde à tout le monde ; une chose qui comble de joie Mme de Rohan et Mme d'Hauterive ; une chose enfin qui se fera dimanche, où ceux qui la verront croiront avoir la berlue ; une chose qui se fera dimanche, et ne sera peut-être pas faite lundi. Je ne puis me résoudre à la dire ; devinez-la : je vous le donne en trois. Jetez-vous votre langue aux chiens ? Eh bien ! il faut donc vous la dire ; M. de Lauzun épouse dimanche au Louvre, devinez qui ? je vous le donne en quatre, je vous le donne en dix, je vous le donne en cent. Mme de Coulanges dit : « Voilà qui est bien difficile à deviner ; c'est Mme de la Vallière. – Point du tout, Madame. – C'est donc Mlle de Retz ? – Point du tout, vous êtes bien provinciale. – Vraiment nous sommes bien bêtes, dites-vous, c'est Mlle Cobert. – Encore moins. – C'est assurément Mlle de Créquy. – Vous n'y êtes pas. Il faut donc à la fin vous le dire : il épouse, dimanche, au Louvre, avec la permission du Roi, Mademoiselle de... Mademoiselle..., devinez le nom : il épouse Mademoiselle, ma foi ! Mademoiselle, la Grande Mademoiselle ; Mademoiselle, fille de Monsieur ; Mademoiselle, petite-fille de Henry IV ; Mlle d'Eu, Mlle de Dombes, Mlle de Montpensier, Mlle d'Orléans, Mademoiselle, cousine germaine du Roi ; Mademoiselle, destinée au trône ; Mademoiselle, le seul parti de France qui fût digne de Monsieur. »

Voilà un beau sujet à découvrir. Si vous criez, si vous êtes hors de vous-même, si vous dites que nous avons menti, que cela est faux, qu'on se moque de vous, que voilà une belle raillerie, que cela est bien fade à imaginer, si enfin vous nous dites des injures : nous trouverons que vous avez raison ; nous en avons fait autant que vous.

Adieu : les lettres qui seront portées par cet ordinaire vous feront voir si nous disons vrai ou non.

Le lendemain, Louis XIV décidait que sa cousine ne devait pas conclure une union si nettement au-dessous de son rang. Madame de Sévigné reprit la plume.

À monsieur de Coulanges
À Paris, ce vendredi 19 décembre 1670

« Ce qui s'appelle tomber du haut des nues, c'est ce qui arriva hier au soir aux Tuileries ; mais il faut reprendre les choses de plus loin. Vous en êtes à la joie, aux transports, aux ravissements de la princesse et de son bienheureux amant. Ce fut donc lundi que la chose fut déclarée, comme vous avez su. Le mardi se passa à parler, à s'étonner, à complimenter. Le mercredi, Mademoiselle fit une donation à M. de Lauzun, avec dessein de lui donner les titres, les noms et les ornements nécessaires pour être nommés dans le contrat de mariage qui fut fait le même jour.
Elle lui donna donc, en attendant mieux, quatre duchés : le premier, c'est le comté d'Eu, qui est la première pairie de France et qui donne le premier rang ; le duché de Montpensier, dont il porta hier le nom toute la journée ; le duché de Saint-Fargeau, le duché de Châtellerault : tout cela estimé vingt-deux millions. Le contrat fut fait ensuite, où il prit le nom de Montpensier.
Le jeudi matin, qui était hier, Mademoiselle espéra que le Roi signerait, comme il l'avait dit ; mais sur les sept heures du soir Sa Majesté, étant persuadée par la Reine, Monsieur, et plusieurs barbons, que cette affaire faisait tort à sa réputation, il se résolut de la rompre, et après avoir fait venir Mademoiselle et M. de Lauzun, il leur déclara, devant M. le Prince, qu'il leur défendait de plus songer à ce mariage. M. de Lauzun reçut cet ordre avec tout le respect, toute la soumission, toute la fermeté, et tout le désespoir que méritait une si grande chute. Pour Mademoiselle, suivant son humeur, elle éclata en pleurs, en cris, en douleurs violentes, en plaintes excessives ; et tout le jour, elle n'a pas sorti de son lit, sans rien avaler que des bouillons.
Voilà un beau songe, voilà un beau sujet de roman ou de tragédie, mais surtout un beau sujet de raisonner et de parler éternellement : c'est ce que nous faisons jour et nuit, soir et matin, sans fin, sans cesse. Nous espérons que vous en ferez autant, *e fra tanto vi bacio le mani.*

Lauzun tomba en complète disgrâce l'année suivante ; il fut jeté en prison, et ce fut seulement dix ans plus tard que la duchesse réussit à libérer son amant, en sacrifiant une part non négligeable de son patrimoine. Le couple qui n'était plus de première jeunesse (la duchesse avait alors atteint l'âge de cinquante-quatre ans) se serait alors marié en secret. Mais très vite des disputes éclatèrent à cause du comportement capricieux et tyrannique du comte. Si l'on croit Saint-Simon, Lauzun se serait un jour adressé à sa femme en ces termes : « Louise d'Orléans, tire-moi mes bottes. » Même à un valet de pied, on aurait à peine parlé ainsi à l'époque. La duchesse le quitta sur-le-champ et pour toujours. Même sur son lit de mort, elle semble avoir encore refusé de le recevoir.

LA GRANDE MADEMOISELLE
en « bergère allant à la fête du village ».

LA GRANDE MADEMOISELLE A LOUIS XIV

Ce mariage qui fit scandale

Drôle, vivante, emportée, indépendante, rebelle, aimant la danse, la chasse et le théâtre, la duchesse de Montpensier propose le mariage à Antonin de Lauzun malgré leur différence de condition et lui écrit : « J'en ai vu, et vous le savez, d'un rang qui n'était pas inférieur au mien, qui ont fait tout ce qu'ils ont pu pour mériter mon estime, ils ont travaillé en vain ; et non seulement je vous donne cette estime, mais je me donne moi-même. Après cela, dites que je me moque de vous et que je hasarde votre réputation ; je me hasarde bien plutôt moi-même. »

Lettre au roi Louis XIV (1670)

« Votre Majesté sera surprise de la permission que je veux lui demander d'approuver que je me marie. Je me trouve, Sire, par ma naissance et par l'honneur que j'ai d'être votre cousine germaine, tellement au-dessus de tout le monde qu'il me semble que je n'ai rien à désirer que ce que je suis. Lorsqu'on se marie à des étrangers, on ne connaît ni l'humeur, ni le mérite des gens avec qui on doit passer sa vie ; ainsi il est difficile de se pouvoir promettre une condition heureuse : la mienne l'est beaucoup par l'honneur que j'ai d'être auprès de votre Majesté ; celle que je veux prendre ne m'en éloignera point. Je dois donc lui dire qu'il est si ordinaire d'être marié que je crois qu'on ne saurait blâmer les gens qui le veulent être. C'est, Sire, sur M. de Lauzun que j'ai jeté les yeux ; son mérite et l'attachement qu'il a pour votre Majesté sont ce qui m'a plu davantage (...).

Je demande à Votre Majesté comme la plus grande grâce qu'elle me puisse jamais faire de m'accorder cette permission. L'honneur que M. de Lauzun a d'être capitaine des gardes de son corps ne le rend pas indigne de moi. Monsieur le Prince de Condé, qui fut tué à la bataille de Jarnac, était colonel de l'infanterie devant que cette charge fût un office de la couronne. Il y a encore, Sire, bien d'autres exemples, sans parler de celui des femmes. Madame la Princesse de la Roche-sur-Yon, femme d'un prince du sang cadet de la branche de ma mère, était dame d'honneur de la reine ; et je ne sais si Votre Majesté n'a pas su que lorsque madame de Soissons pensa mourir, j'avais projeté de la supplier de trouver bon que je l'achetasse, en cas que Madame la Princesse de Carignan ne la prît pas. Je dis tout ceci à Votre Majesté pour lui marquer que plus on a de grandeur, plus on est digne d'être vos domestiques et, comme toutes les charges de votre maison honorent ceux qui les ont, je suis bien aise que M. de Lauzun en ait une.

JULIE DE LESPINASSE AU COMTE DE GUIBERT

« Est-ce que nous sommes libres ? »

Cent ans plus tard, les correspondances se font l'écho d'une vision de l'amour tout autre que celle qui prévalait au temps de madame de Sévigné. Au XVIIIᵉ siècle, la passion amoureuse est considérée comme une force qui va à l'encontre des conventions sociales et morales, et se rit de toutes les tentatives de la maîtriser, de quelque façon que ce soit, par les moyens de la raison. La passion n'a pas seulement sa propre logique, elle transforme la personne dont elle s'est emparée en fanatique exaltée qui préférerait mourir plutôt que de soumettre ses rêves à l'épreuve de la réalité.

« Oh ! je vais vous paraître folle : je vais vous parler avec la franchise et l'abandon qu'on aurait si l'on croyait mourir le lendemain ; écoutez-moi donc avec cette indulgence et cet intérêt qu'on a pour les mourants », écrit Julie de Lespinasse le 21 juin 1773 à monsieur de Guibert, talentueux officier et brillant théoricien de la guerre qui a devant lui un avenir prometteur et séjourne alors à Berlin. Mais celle qui trace ces lignes n'est pas non plus une inconnue : enfant illégitime née à Lyon en 1732, elle a été amenée à Paris par sa tante, la marquise du Deffand, qui l'a prise à ses côtés comme dame de compagnie. Au bout de dix années au cours desquelles Julie de Lespinasse a infiniment appris de la marquise, mais aussi beaucoup souffert des tracasseries de la vieille dame, c'est la rupture, avec pour effet que la plus jeune des deux fonde son propre salon, entraînant avec elle la majeure partie des habitués de celui de la marquise. Cette mademoiselle de Lespinasse, qui après son départ de chez sa tante, vécut avec d'Alembert un mariage blanc, devint une étoile montante au firmament des salons parisiens. Elle lançait le débat, ne craignait d'aborder aucun sujet et s'entendait à trouver à l'objet le plus distant un aspect plaisant ; elle exerçait une influence tempérante là où des opinions et des personnalités diverses menaçaient de se heurter, et par son amabilité et l'intelligence avec laquelle elle menait la conversation, elle faisait tomber sous son charme tous ceux qui l'approchaient.

Mais il y avait une autre Julie de Lespinasse, très différente de la précédente. Nous la découvrons dans les lettres qui ne devaient être publiées que trente ans après sa mort. Ces lettres sont tout sauf le prolongement, sous forme épistolaire, des conversations entretenues au salon. Ce sont les témoignages, qui semblent parfois exaltés, mais le plus souvent bouleversants, d'une femme qui se dévoile, ne s'épargnant en aucune façon, pas plus que ses correspondants. « Quoique votre âme soit agitée, écrit-elle au comte de Guibert tout au début de leur correspondance, elle n'est pas si malade que la mienne, qui passe sans cesse de l'état de convulsion à celui de l'abattement ; je ne puis juger de rien : je m'y méprendrais sans cesse, je prendrais du poison pour du calmant. »

Julie de Lespinasse avait fait la connaissance du comte de Guibert, de onze ans plus jeune qu'elle, le 21 juin 1772 au

Les deux amants, JULIE DE LESPINASSE (1732-1776) et LE COMTE DE GUIBERT (1744-1790) de onze ans plus jeune qu'elle.

cours d'une fête champêtre. Elle approchait de la quarantaine, tandis que l'auteur de l'*Essai général de tactique*, célèbre dans toute l'Europe, était dans sa vingt-neuvième année. Mais le grand amour de Julie de Lespinasse était alors un autre homme : José y Gonzaga Marques de Mora, fils d'un diplomate espagnol, qui pour des raisons familiales et de santé ne passait jamais plus de quelques mois d'affilée à Paris. Dans leurs longues périodes de séparation, le couple s'écrivait presque tous les jours. Lorsque le marquis de Mora séjourna dix jours à Fontainebleau, quotidiennement, matin et soir, deux lettres étaient échangées entre Paris et Fontainebleau. Dix ans plus tôt, avait paru le roman de Rousseau *Lettres de deux amans habitans d'une petite ville au pied des Alpes* qui ne devait toutefois pas entrer dans l'Histoire sous son titre officiel, mais sous le faux-titre de la première édition : *Julie ou la nouvelle Héloïse*.

Ce roman épistolaire de Rousseau, réédité soixante-dix fois de 1761 à 1800, avait fait naître à Paris et dans toute l'Europe une véritable fureur de la correspondance entre amants. Ainsi, l'écrivain anglais Horace Walpole, ami de la marquise du Deffand dans son grand âge, et bon observateur de la vie parisienne, écrit-il au sujet de cette mode, dans une lettre du 12 septembre 1771 : « On connaissait ici des gens qui s'écrivaient quatre fois par jour. J'ai entendu parler par exemple d'un couple, qui ne se séparait jamais l'un de l'autre, mais qui, comme ils s'aimaient passionnément, se voyaient contraints de s'écrire des lettres, de sorte qu'ils avaient placé entre eux un paravent, derrière lequel il écrivait ses lettres à sa femme, tandis que de l'autre côté, elle lui jetait les réponses par-dessus cette séparation. »

Comme beaucoup d'autres jeunes femmes de l'époque, Julie de Lespinasse avait dévoré le roman de Rousseau. Les lettres d'Héloïse l'avaient si profondément émue qu'elle en était tombée malade, avouait-elle dans une lettre plus tardive au baron d'Holbach. Sa correspondance avec le comte de Guibert montre que même au-delà de la prime jeunesse, elle s'abandonnait entièrement à sa sensibilité. C'est pourquoi dans la même lettre au baron d'Holbach, elle avoue n'être absolument pas sûre que son cœur soit toujours prêt à se plier à ce que lui prescrirait la raison. On devine aisément ce qu'elle entend par là : ce comportement aimable et conciliant qu'elle affichait dans son salon et que la majorité de ses contemporains croyait être son authentique personnalité. Il semblerait qu'à cette époque, dans un salon parisien, on ait débattu tout à fait sérieusement de savoir ce qui serait

En un temps où il était moins question de sentiment que de raison, surtout en matière de mariage, Rousseau, dans sa JULIE OU LA NOUVELLE HÉLOÏSE, plaidait en faveur du mariage par inclination et contre l'orgueil du rang social de la noblesse. Ci-dessus : *Promenade de Julie et Saint-Preux sur le lac de Genève*, par Charles Édouard Le Prince, baron de Crespy (1824).

le plus enviable – d'être la mère, la sœur ou la maîtresse du comte de Guibert. Comment cela n'aurait-il pas produit chez Julie de Lespinasse un trouble profond : « Ah, mon Dieu ! par quel charme ou par quelle fatalité êtes-vous venu me distraire ? »

Le jour du premier anniversaire de cette rencontre, elle est déjà plus explicite sur ce point, et l'on pressent déjà ce que seront par la suite sa déception et ses reproches :

« **Oui, en honneur, je pense que c'est un malheur dans ma vie que cette journée que j'ai passée, il y a un an, au Moulin-Joli. J'étais bien éloignée d'avoir besoin de former une nouvelle liaison ; ma vie et mon âme étaient tellement remplies, que j'étais bien loin aussi de désirer un nouvel intérêt ; et vous, vous n'aviez que faire de cette preuve de plus, de tout ce que vous pouvez inspirer à une personne honnête et sensible ; mais cela est pitoyable ! est-ce que nous sommes libres ? est-ce que tout ce qui est, peut être autrement ? vous n'avez donc pas été libre de me dire si vous m'écririez souvent. Pour moi, je n'ai pas la liberté de ne le pas désirer vivement.**

L'opinion la plus répandue sur cette seconde liaison sans espoir que vécut Julie de Lespinasse est qu'il n'y avait aucune chance pour qu'elle prît un tour favorable. Julie se serait aperçue à un moment donné que Guibert était tout sauf le marquis de Mora, son premier grand amour, homme de santé précaire et entre-temps disparu – et même les infidélités du comte de Guibert, y compris son mariage, n'auraient été que les intermèdes d'une inéluctable chute, symptômes du mal d'amour qui devait conduire Julie de Lespinasse à la mort. Le 22 mai 1776, près de quatre ans après sa rencontre, et trois ans après le début de sa correspondance avec Guibert, et presque au jour près deux ans après la disparition de son amant le marquis de Mora, Julie meurt à son tour – sans doute d'une trop forte dose d'opium, ce qui ferait penser à un suicide. Et même s'il n'y avait pas eu de sa part de décision consciente et délibérée de mettre fin à ses jours, c'était quand même un lent suicide.

Le comte de Guibert ne correspondait sans doute pas à cette caricature d'amant qu'en fait Sainte-Beuve : un âne bâté et à moitié fou dont les poches regorgeaient de lettres d'amour et qui, même sur la tombe de Julie, n'avait aucune idée du tourment sentimental qu'il avait causé. Guibert était un amant de la vieille école, un séducteur pour qui l'amour était avant tout un jeu, à seule fin de multiplier les conquêtes pour s'affirmer. Il était plus tacticien que passionné non seulement en matière militaire, mais aussi en matière de cœur. Et ce fut le malheur de Julie de Lespinasse, émerveillée par les visions de l'amour que Rousseau avait exposées au monde, que de rencontrer un homme comme Guibert, qui se prêtait à la projection de ses désirs et de ses passions mais n'était pas en mesure de lui donner ce à quoi elle aspirait : un amour comblé. Il faut dire aussi à la décharge du comte qu'il se voyait affronté à des exigences incommensurables : non seulement Julie de Lespinasse prétendait toujours qu'il lui rendît compte de ses pensées, de ses actes et de ses sentiments, mais elle lui prêtait un rôle pour lequel il n'était pas à la hauteur, et dont même il ne savait tout simplement que faire.

« (...) Dans l'excès de mes maux, lui écrit-elle un jour, je ne sais si c'est vous ou la mort que j'implore ; c'est par vous ou par elle que je dois être soulagée, ou guérie pour jamais : toute la nature ne peut plus rien pour moi. »

Il n'était pas en mesure de lui donner ce à quoi elle aspirait

Nous avons vu avec Elizabeth Barrett et Robert Browning l'effet thérapeutique que pouvait avoir une correspondance : les lettres qu'ils s'écrivirent furent à l'origine de leur amour et leur permirent de se libérer tous deux de représentations et de rapports de dépendance anciens. La correspondance de Julie de Lespinasse avec le comte de Guibert – quelques-unes des lettres du comte nous ont aussi été conservées – nous montre plutôt un jeu de miroir dans lequel c'est surtout elle qui se blesse en se heurtant la tête contre un mur. Ses lettres ne s'adressent guère à un homme en chair et en os. Elles sont plutôt destinées à une vision rêvée, dans laquelle les souvenirs du marquis de Mora, l'imagination exaltée de Julie de Lespinasse et l'image du comte de Guibert se mêlent jusqu'à l'indissociable.

Pour désigner ce phénomène, la psychologie a forgé un concept brillant qui est celui de la projection. Il recouvre entre autres la superposition d'un certain individu avec un autre – c'est le cas entre Mora et Guibert –, et signifie aussi, et surtout, qu'un être cherche la menace qu'il ressent non pas en lui-même mais chez l'autre, et réagit à cette prétendue menace extérieure par l'angoisse, des tentatives de fuite, des imprécations, et parfois aussi une réflexion obstinée. Dans ses lettres, Julie s'est toujours préoccupée du comte, de ses réactions, et même de ses prétendues réactions ou de celles qu'il n'a pas et qui deviennent précisément à leur tour sujet de reproche. Ce faisant, elle se rend entièrement tributaire de ce qu'il pense et fait. Les lettres, surtout lorsqu'il s'agit de lettres d'amour, peuvent pousser jusqu'à l'insoutenable le jeu de projections réciproques à l'abri duquel n'est aucune relation amoureuse. Cela est lié à la particularité qu'elles ont de suggérer une proximité de l'autre qui n'existe à bien des égards que sur le papier. La plainte récurrente dans les lettres d'amour que la réponse de l'autre se fait attendre et que les lettres se recoupent, la peur que des lettres se perdent ou qu'il n'y en ait plus, enfin la tendance à accélérer toujours le rythme de l'échange épistolaire, en s'écrivant une voire deux lettres par jour ou plus, et gare si l'autre a le malheur de ralentir un peu – tout cela est lié à l'imbrication d'absence et de présence, de proximité et d'éloignement de l'autre, caractéristique de la communication par correspondance.

De ce point de vue, l'échange épistolaire entre Julie de Lespinasse, dame de salon, et l'écrivain militaire Guibert est un précurseur de l'amour épistolaire que vivra un siècle et demi plus tard cet employé de compagnie d'assurance de Prague du nom de Franz Kafka ; sauf que dans le Paris du XVIIIe siècle, c'est la femme qui confond la passion amoureuse et la correspondance, accablant son amant de lettres qui parlent de l'attente d'une satisfaction dont il est clair qu'elle n'interviendra jamais.

JULIETTE RÉCAMIER, par le baron Gérard.

JULIETTE RÉCAMIER & RENÉ DE CHATEAUBRIAND

« Vous aimer moins ! »

Comme il le rappelle dans *Les Mémoires d'outre-tombe*, René de Chateaubriand vit Juliette pour la première fois chez madame de Staël : « Entre tout à coup Mme Récamier vêtue d'une robe blanche ; elle s'assit au milieu d'un sofa de soie bleue. (...) Mme Récamier sortit, et je ne la revis plus que douze ans après. »

Célèbre et entourée d'adorateurs, Juliette Récamier qui aborde la quarantaine noue alors avec l'écrivain une relation maintenue secrète. Ce que nous savons des débuts de cet amour vient des rapports du policier chargé de surveiller Chateaubriand, qui avait fondé une revue d'opposition, *Le Conservateur*.

Des lettres que Juliette lui avait adressées, il n'en reste qu'une, celle qu'intercepta ce policier :

« *Vous aimer moins !* Vous ne le croyez pas, cher ami. À huit heures. Ne croyez pas ce que vous appelez des projets contre vous. Il ne dépend plus de moi, ni de vous, ni de personne, de m'empêcher de vous aimer ; mon amour, ma vie, mon cœur tout est à vous.
20 mars 1819, à trois heures après-midi.

Les 370 lettres écrites par Chateaubriand à Mme Récamier au cours des trente et un ans que dura leur liaison permettent de deviner qu'elle souffrit de ses infidélités, mais qu'il lui voua, au fil des ans, une confiance et une tendresse grandissantes.

René de Chateaubriand à Juliette Récamier
Paris, le 8 août 1836

« Tandis que vous vous fâchez si mal à propos, que vous vous plaignez de n'avoir pas de longues lettres pour avoir un prétexte de n'écrire que deux mots, ou pour ne pas écrire du tout, moi je mourais d'ennui, de contrariétés de toutes sortes pour obtenir la permission d'aller vous retrouver (...) Je l'ai obtenu ce congé à force de patience. Il faut maintenant que je fasse raccommoder ma voiture qui est toute brisée ; elle sera prête à la fin de la semaine. Je pourrai partir dimanche ou lundi 15. Voulez-vous que j'aille directement à Thibouville, en finissant par Dieppe ; ou voulez-vous que je commence par Dieppe en finissant par Thibouville ? Vous avez le temps de me tracer mon voyage en me répondant tout de suite. Voilà comme je réponds à vos fâcheries ; et je vous jure que, pour personne au monde que vous, je ne courrais les grands chemins à présent. Je suis las de tout mouvement ; je veux définitivement fixer et terminer ma vie, ne plus reparaître d'aucune façon sur la scène du monde (...).
Adieu, la plus ingrate et la plus gâtée des femmes.

JOSÉPHINE & NAPOLÉON BONAPARTE

« Adieu, femme, tourment, bonheur, espérance et âme de ma vie »

En 1791, après la mort sur l'échafaud de son mari Alexandre de Beauharnais, Joséphine est quelque temps la maîtresse de Barras. C'est ce dernier qui lui présentera l'officier Napoléon Bonaparte. Elle avait besoin d'une protection financière, lui n'avait pas connu de femme aussi surprenante avant elle et en tomba éperdument amoureux.

À la veuve Beauharnais, 1795. 7 heures du matin

« Je me réveille plein de toi. Ton portrait et le souvenir de l'enivrante soirée d'hier n'ont point laissé de repos à mes sens. Douce et incomparable Joséphine, quel effet bizarre faites-vous sur mon cœur ! Vous fâchez-vous ? Vous vois-je triste ? Êtes-vous inquiète ? mon âme est brisée de douleur, et il n'est point de repos pour votre ami. Mais en est-il donc davantage pour moi, lorsque, me livrant au sentiment profond qui me maîtrise, je puise sur vos lèvres, sur votre cœur, une flamme qui me brûle. Ah ! c'est cette nuit que je me suis bien aperçu que votre portrait n'est pas vous ! Tu pars à midi, je te verrai dans 3 heures. En attendant, *mio dolce amor*, reçois un millier de baisers mais ne m'en donne pas, car ils brûlent mon sang.

Le 19 ventôse de l'an IV (9 mars 1796), Napoléon Bonaparte épouse Marie-Josèphe-Rose veuve de Beauharnais, qu'il a rebaptisée Joséphine.

À la citoyenne Bonaparte
Nice, 10 germinal, an IV [30 mars 1796]

« Je n'ai pas passé un jour sans t'aimer ; je n'ai pas passé une nuit sans te serrer dans mes bras, je n'ai pas pris une tasse de thé sans maudire la gloire et l'ambition qui me tiennent éloigné de l'âme de ma vie. Au milieu des affaires, à la tête des troupes, en parcourant les camps, mon adorable Joséphine est seule dans mon cœur, occupe mon esprit, absorbe ma pensée. Si je m'éloigne de toi avec la vitesse du torrent du Rhône, c'est pour te revoir plus vite. Si, au milieu de la nuit, je me lève pour travailler, c'est que cela peut avancer de quelques jours l'arrivée de ma douce amie.
Et cependant, dans ta lettre du 23 au 26 ventôse [13 au 16 mars 1796], tu me traites de vous. Vous toi-même ! Ah ! mauvaise, comment as-tu pu écrire cette lettre ! Qu'elle est froide ! Et puis, du 23 au 26, restent quatre jours ; qu'as-tu fait, puisque tu n'as pas écrit à ton mari ?...
Ah ! mon amie, ce vous et ces quatre jours me font regretter mon antique indifférence. Malheur à qui en serait la cause ! Puisse-t-il, pour peine et pour supplice, éprouver ce que la conviction et l'évidence (qui servit ton ami) me feraient éprouver ! L'Enfer n'a pas de supplice ! Ni les Furies, de serpent ! Vous ! Vous ! Ah ! que sera-ce dans quinze jours ?...
Mon âme est triste ; mon cœur est esclave, et mon imagination m'effraie... Tu m'aimes moins ; tu seras

LE DIVORCE DE L'IMPÉRATRICE JOSÉPHINE, le 15 décembre 1809, par Frédéric Henri Schopin (1846).

consolée. Un jour, tu ne m'aimeras plus ; dis-le-moi ; je saurai au moins mériter le malheur…

Adieu, femme, tourment, bonheur, espérance et âme de ma vie, que j'aime, que je crains, qui m'inspire des sentiments tendres qui m'appellent à la Nature, et des mouvements impétueux aussi volcanique que le tonnerre.

Je ne te demande ni amour éternel, ni fidélité, mais seulement… vérité, franchise sans bornes. Le jour où tu dirais « je t'aime moins », sera le dernier de mon amour ou le dernier de ma vie.

Si mon cœur était assez vil pour aimer sans retour, je le hacherais avec les dents.

Joséphine, Joséphine ! Souviens-toi de ce que je t'ai dit quelquefois : la Nature m'a fait l'âme forte et décidée. Elle t'a bâtie de dentelle et de gaze. As-tu cessé de m'aimer ?…

Le 30 novembre 1809, Napoléon exprime à Joséphine sa volonté de divorcer pour raison d'État ; la cérémonie de dissolution a lieu le 15 décembre, et le mariage religieux fut annulé en 1810. Marie-Louise arrive à Paris, au printemps 1810.

À l'Empereur
Navarre, 19 avril 1810

« Sire, je reçois par mon fils l'assurance que Votre Majesté consent à mon retour à Malmaison, et qu'elle veut bien m'accorder les avances que je lui ai demandées pour rendre habitable le château de Navarre. Cette double faveur, Sire, dissipe en grande partie les inquiétudes et même les craintes que le long silence de Votre Majesté m'avait inspirées. J'avais peur d'être entièrement bannie de son souvenir : je vois que je ne le suis pas. Je suis donc aujourd'hui moins malheureuse, et même aussi heureuse qu'il m'est désormais possible de l'être. (…)

Je ferai sans cesse des vœux pour que Votre Majesté soit heureuse, peut-être même en ferai-je pour la revoir ; mais que Votre Majesté en soit convaincue, je respecterai toujours sa nouvelle situation, je la respecterai en silence, confiante dans les sentiments qu'elle me portait autrefois. Je n'en provoquerai aucune preuve nouvelle, j'attendrai tout de sa justice et de son cœur. (…)

À l'Impératrice, à Navarre
Compiègne, 21 avril 1810

« Mon amie, je reçois ta lettre du 19 avril ; elle est d'un mauvais style. Je suis toujours le même ; mes pareils ne changent jamais. Je ne sais ce qu'Eugène a pu te dire. Je ne t'ai pas écrit, parce que tu ne l'as pas fait, et que j'ai désiré tout ce qui peut t'être agréable. Je vois avec plaisir que tu ailles à Malmaison, et que tu sois contente ; moi, je le serai de recevoir de tes nouvelles, et de te donner des miennes. Je ne t'en dis pas davantage, jusqu'à ce que tu aies comparé cette lettre à la tienne ; et, après cela, je te laisse juge qui est meilleur et plus ami de toi ou de moi. (…)

Adieu mon amie ; porte-toi bien, et sois juste pour toi et pour moi.

LA JEUNE GEORGE SAND, représentée ici par un dessin au crayon de 1833, savait pertinemment que, dans un monde d'hommes,
on ne pouvait parvenir à la réussite littéraire qu'en se donnant un pseudonyme masculin, ce qu'elle fit.

GEORGE SAND A ALFRED DE MUSSET

Elle révise ses lettres *a posteriori*

Il n'est guère de femme sur qui se soit déversé autant d'acrimonie que sur George Sand, et ce non seulement de la part d'hommes, mais aussi de femmes. Baudelaire la qualifie de « prud'homme de l'immoralité » : « Elle est bête, elle est lourde, elle est bavarde. Elle a, dans les idées morales, la même profondeur et la même délicatesse de sentiment que les concierges… » Et sans un brin d'indulgence, Simone de Beauvoir : « Mais George Sand m'irrite. Jeune, j'aime sa volonté d'indépendance, son ardeur à lire, à s'instruire, à courir la campagne, et la netteté de ses décisions. (…) Mais je suis écœurée par ce masque vertueux qu'elle a posé sur son visage. Avoir des amants, les tromper, leur mentir, pourquoi pas ? Mais il ne faut pas alors clamer son amour de la vérité (…). À trente ans, elle pose déjà à la femme brisée par la vie et qui se dévoue sans compter : alors qu'elle se fait impérieusement servir par son entourage. Ce que je lui pardonne le moins, c'est la falsification systématique de son langage intérieur qui transfigure toutes ses conduites en exemples édifiants. » Une chose est sûre : plus qu'aucune autre femme avant elle, George Sand a fait de l'égalité des femmes, tant dans ses livres que dans sa vie, un thème central. Qu'est-ce qui lui a donc attiré tant d'hostilité ? Prendre un pseudonyme masculin pour s'assurer davantage de succès sur le marché littéraire, souvent pour seulement être prise au sérieux, est un expédient qu'ont emprunté nombre de femmes écrivains pour échapper à

ALFRED DE MUSSET fut un des nombreux amants de George Sand. Elle le trompa avec le médecin qui le soignait, alors qu'il était malade, à Venise.

la tutelle qui leur était imposée. Avec George Sand, ce subterfuge revêt une dimension nouvelle, car tout le monde savait que derrière ce nom de plume masculin se cachait une femme : Aurore Dupin, divorcée depuis 1836 du baron Dudevant, se changea en George Sand pour

Soixante-dix ans plus tard, la passion des deux amants inspire encore les dramaturges : ci-dessus, Mlle IXART en George Sand dans *La Revue rétrospective*, saynète de Philippe de Massa, sur la scène du Cercle de l'Union artistique (1899).

Sa légendaire histoire d'amour à Venise avec Alfred de Musset, qu'elle trompa bientôt avec le médecin italien qui le soignait, Pietro Pagello, était – rétrospectivement – faite pour la transposition littéraire. C'est ce qui s'imposa à partir du moment où ces liaisons passagères ne correspondirent plus aux illusions sublimes d'une relation amoureuse triangulaire et d'une passion exempte de jalousie, mais dégénérèrent en une guerre d'usure entre les intéressés, avec les bassesses habituelles en pareille circonstance. Lorsqu'ils en prirent conscience, il faut croire que, sur les trois, les deux personnalités littéraires résolurent de ne pas laisser leur grand amour sombrer dans la basse querelle et la fange, mais de l'illustrer par l'écriture. « Je m'en vais faire un roman, déclare pathétiquement Musset. J'ai bien envie d'écrire notre histoire, il me semble que cela me guérirait et m'élèverait le cœur. Je voudrais te bâtir un autel, fût-ce avec mes os... » ; tandis que dans une de ses lettres à Musset, George Sand a non moins pathétiquement proclamé :

« **L'amour est un temple que bâtit celui qui aime à un objet plus ou moins digne de son culte, et ce qu'il y a de plus beau dans cela, ce n'est pas tant le Dieu que l'autel.**

publier et prit la liberté d'écrire sur des sujets, avant tout l'érotisme et la sexualité, qu'il avait été jusqu'alors réservé aux hommes d'aborder ; elle n'en restait pas moins femme et voulait aussi être reconnue en tant que telle. La même chose s'applique à sa prédilection pour les vêtements masculins. Si les pantalons qui lui plaisaient tant ne masquaient pas sa féminité mais la soulignaient d'une façon inédite, cela signifiait précisément qu'une femme pouvait se permettre de s'écarter des comportements conventionnels sans perdre de son charme ni de l'attention qu'elle éveillait.

Peut-être faire sensation parce que vêtue en homme, était-ce pour George Sand une sorte de scène « primale » du besoin de styliser qu'elle éprouva tout au long de sa vie. Cela lui donnait une idée de tout ce que l'on pouvait atteindre si seulement on endossait l'habit qu'il fallait. À un moment donné, soucieuse de faire passer une vision emblématique de sa personne, non contente d'exploiter ses propres lettres intimes, elle alla jusqu'à falsifier des lettres d'amour qui présentent à nos yeux une particulière exigence d'authenticité.

Toutefois, même dans l'art d'ériger des autels, comme déjà au cours de leur liaison amoureuse, George Sand se révéla la plus vive et intellectuellement la plus agile des deux. Lorsque, après la rupture définitive, en 1835, Musset s'attela à son roman, *Confessions d'un enfant du siècle*, qui parut en 1836, son ancienne amante l'avait largement devancé en publiant, dès 1834, dans *La Revue des deux mondes* les premières de ses trois *Lettres d'un voyageur*. Elles étaient adressées à Alfred de Musset, d'un ton et d'un contenu irréprochables et tout à fait conventionnels. Pourtant tous les contemporains un tant soit peu initiés à la littérature surent immédiatement de quoi il s'agissait : du grand amour, sur une scène qui s'y prêtait mieux qu'aucune autre, et sur lequel dès lors on put mettre deux noms : Alfred de Musset et George Sand.

Mais les choses ne devaient pas en rester là. George Sand n'était pas seulement plus rapide, son traitement littéraire de l'expérience vécue eut aussi des retombées plus lointaines. Lors de sa rupture avec Musset, elle avait demandé à récupérer les lettres qu'elle lui avait adressées sous prétexte d'éviter qu'elles ne tombassent entre des

LA LIAISON ENTRE GEORGE SAND ET ALFRED DE MUSSET donna amplement lieu aux ragots, les caricaturistes
se délectaient de se moquer de cette relation. Dans l'aquarelle ci-dessus, le peintre Eugène-Louis Lamis se moque de ces deux êtres qui ne se supportent plus.
Tandis qu'elle se met la main devant les yeux, il se bouche les oreilles. Le grand amour dura une année, et ils s'écrivirent encore pendant un an.

mains malveillantes. Lorsque, vingt bonnes années plus tard, elle écrivit son roman *Elle et lui*, qui transmuait le drame amoureux de Venise en l'histoire morale d'une femme qui se donne à un homme par simple pitié – le roman fut publié après la mort de Musset –, elle révisa et enjoliva élégamment sa correspondance avec le poète dans l'optique d'une publication posthume.

Le premier à s'apercevoir de ces retouches fut l'éditeur de l'œuvre autobiographique de George Sand dans la Bibliothèque de la Pléiade, Georges Lubin : un certain nombre de lettres de la période de la liaison avec Musset présentent des particularités graphologiques qui se sont développées seulement après 1856 chez George Sand. Et toutes les modifications portent, pour autant que l'on puisse le reconstituer, sur son rôle dans la relation triangulaire Musset-Pagello-Sand. On dirait qu'elle a voulu *a posteriori* minimiser son rôle actif, et même sexuellement actif, dans ce drame. Ainsi le lecteur non averti en retirera-t-il l'impression qu'elle n'aurait jamais couché avec Pagello, alors qu'à Venise, Musset serait allé voir les filles, aurait attrapé une maladie vénérienne et lui aurait alors officiellement annoncé la fin de son amour. L'autel restauré et transformé fut subrepticement consacré à une nouvelle divinité : au lieu de l'amour libre, pour lequel George Sand s'était jadis battue dans ses livres et dans sa vie, on rendait là un culte à une nouvelle forme de bienséance, et au lieu de l'amant auquel était jadis dédié l'effort surhumain de la construction du temple, c'était la constructrice elle-même qui élevait un monument à sa propre gloire.

Ce que nous venons de dire vaut également pour la lettre suivante par laquelle George Sand voulait se libérer de l'emprise de son amant, qui ne se relâchait pas en dépit de la rupture.

« **(...) Pauvre malheureux, je t'ai aimé comme mon fils, c'est un amour de mère, j'en saigne encore. Je te plains, je te pardonne tout, mais il faut nous quitter. (...) Je te le dis, il faut en guérir... Ta conduite est déplorable, impossible. Mon Dieu à quelle vie vais-je te laisser ! L'ivresse, le vin ! les filles, et encore, et toujours ! Mais puisque je ne peux plus rien pour t'en préserver, faut-il prolonger cette honte pour moi, et ce supplice pour toi-même ? (...)**

Et pourquoi me parler de Pierre, quand je t'avais défendu de m'en parler jamais ? De quel droit d'ailleurs m'interroges-tu sur Venise ? Étais-je à toi, à Venise ? Dès le premier jour, quand tu m'as vue malade, n'as-tu pas pris de l'humeur en disant que c'était bien triste et bien ennuyeux, une femme malade ? Et n'est-ce pas du premier jour que date notre rupture ? Mon enfant, moi, je ne veux pas récriminer, mais il faut bien que tu t'en souviennes, toi, qui oublies si aisément les faits. Je ne veux pas te dire tes torts. Jamais je ne t'ai dit seulement ce mot-là, jamais je ne me suis plainte d'avoir été enlevée à mes enfants, à mes amis, à mon travail, à mes affections et à mes devoirs, pour être conduite à 300 lieues et abandonnée avec des paroles si offensantes et si navrantes sans aucun autre motif qu'une fièvre tierce, des yeux abattus, et la tristesse profonde où me jetait ton indifférence. Je ne me suis jamais plainte, je t'ai caché mes larmes, et ce mot affreux a été prononcé un certain soir que je n'oublierai jamais, dans le casino Danieli : « George, je m'étais trompé, je t'en demande pardon, mais je ne t'aime pas. » Si je n'eusse été malade, si on n'eût dû me saigner le lendemain, je serais partie. Mais tu n'avais pas d'argent, je ne savais pas si tu voudrais en accepter de moi, et je ne voulais pas, je ne pouvais pas te laisser seul, en pays étranger, sans entendre la langue et sans un sou. La porte de nos chambres fut fermée entre nous, et nous avons essayé là de reprendre notre vie de bons camarades, comme autrefois ici. Mais cela n'était plus possible, tu t'ennuyais, je ne sais ce que tu devenais le soir et un jour tu me dis que tu craignais d'avoir attrapé une mauvaise maladie. Nous étions tristes. Je te disais : « Partons, je te reconduirai jusqu'à Marseille. » Et tu répondais : « Oui, c'est le mieux, mais je voudrais travailler un peu ici puisque nous y sommes. » Pierre venait me voir et me soignait, tu ne pensais guère à être jaloux, et certes je ne pensais guère à l'aimer. Mais quand je l'aurais aimé dès ce moment-là, quand j'aurais été à lui dès lors, veux-tu me dire quels comptes j'avais à te rendre à toi qui m'appelais l'ennui personnifié, la rêveuse, la bête, la religieuse, que sais-je ? (...)

En réalité, l'histoire s'était déroulée quelque peu différemment : George Sand et Alfred de Musset étaient partis pour Venise au mois de décembre. Le temps y était froid et brumeux en cette saison. George Sand attrapa un refroidissement accompagné de violents maux de tête, ce qui énerva beaucoup Musset. Ce dernier fut ensuite grièvement atteint d'un genre de typhus, une forte fièvre qui le faisait délirer, et elle se vit contrainte de le soigner. Désemparée, elle fit appel à un médecin, ledit Pietro Pagello, avec qui elle noua vite une liaison amoureuse qu'elle n'avoua pas vraiment à Musset, même lorsque, peu après sa convalescence, il tourna le dos à Venise, tandis qu'elle s'installait chez son nouvel amant. George Sand ne revint à Paris qu'au début du mois d'août avec, pour reprendre l'insurpassable formule de Henry James, « quelque chose qui n'était pas à négliger dans ses bagages » – Pietro Pagello. Entre temps, Musset avait bien entendu conçu quelques soupçons et il fit des recherches. Ainsi apprit-il, comme toujours dans ces cas-là, ce que, mis à part lui, tout le monde savait depuis longtemps : que pendant ses accès de fièvre à Venise, George Sand l'avait trompé tant qu'elle pouvait. Ce fut la rupture définitive. Ils ne pouvaient toutefois pas renoncer l'un à l'autre aussi vite ; la passion se ranima encore brièvement, mais la confiance était à jamais ruinée.

Elle divulgue au public les choses les plus intimes

Faut-il donc se rallier à l'opinion de Baudelaire ou de Simone de Beauvoir : George Sand, vieillissante, est-elle simplement un « prud'homme de l'immoralité », un hypocrite parangon de vertu ? C'est le romancier américain Henry James qui a eu le mérite, encore dans l'ignorance de la falsification systématique que George Sand avait opérée sur ses propres lettres, de saisir plus précisément le caractère de cette femme, malgré tout incomparable, sans poser de critères moraux et sans lui jeter la pierre. Henry James n'hésite pas à dire son admiration pour le style grandiose de George Sand, en particulier son style épistolaire, même là où elle apporte des corrections et intervient sur son propre passé : l'élément décisif à ses yeux est plutôt la façon dont elle divulgue au public sans la moindre honte les choses les plus intimes. Sa façon de se livrer ressemble selon lui à celle d'un témoin trop zélé qui devant un tribunal « en dit davantage qu'il ne lui est demandé », et raconte même un tas de choses assez invé-

LE DESSIN À L'ENCRE DE CHINE DE 1833
reproduit ci-dessus montre George Sand bien droite sur son cheval,
tandis que son amant fait une chute.

rifiables. Son soupçon inexprimé est que George Sand pourrait bien être l'un des précurseurs de ce besoin de se dévoiler qui, déjà à l'époque de James, se répandait dans le public, et qui depuis assure sa subsistance à toute une branche de l'industrie de la communication et du divertissement, depuis l'édition en passant par la télévision jusqu'aux blogs sur internet. La transmutation de passions individuelles en matière de distraction et d'édification du public, à laquelle s'exercent déjà Musset et George Sand, trouve son prolongement dans l'état actuel des techniques de communication.

Au vu de cette évolution, on peut être tenté de souhaiter un retour aux valeurs de la discrétion. D'un autre côté, il faut bien reconnaître que le prix qu'attachait George Sand à pouvoir parler « avec le moins de retenue possible de toutes les passions, toute la souffrance, toute l'expérience vécue et toute la pensée » émanait d'une motivation que tout un chacun ne peut qu'approuver, et qui est, comme le dit Henry James, de « connaître la vie de première main ». Que George Sand, l'âge venant, ait entrepris ensuite d'enjoliver ses propres traces peut toutefois être considéré comme un défaut majeur de son caractère. Cependant, cette forme de lien très distendu avec la vérité n'est-elle pas précisément le fondement de cet « heureux et léger bavardage », qui assure non seulement la qualité des entretiens télévisés, mais caractérise aussi une belle lettre et dont, si nous voulons être honnêtes, nous aurions du mal à nous passer ? Sans doute George Sand s'est-elle aperçu, avec les années, que la passion ne fait pas forcément de celui qui lui est attaché un être meilleur. C'est se montrer trouble-fête que d'être là trop rigoureusement attaché à la vérité.

JULIETTE DROUET, par Constant Puyo.

JULIETTE DROUET & VICTOR HUGO

« Je t'adore comme un être divin que tu es »

En 1833, lors d'une lecture de sa pièce *Lucrèce Borgia*, Victor Hugo fait la rencontre qui va changer son existence : Juliette Drouet. Muse, collaboratrice effacée, épistolière de talent, fidèle compagne d'exil, elle restera dévouée au poète toute sa vie, en dépit de régulières trahisons. Leur correspondance passionnée, qui s'étale sur plus d'un demi-siècle, compte 23 650 lettres.

À Victor Hugo
Guernesey, 21 mai 1865. Dimanche 7h du m.
« Bonjour mon ineffable bien-aimé, bonjour, je me suis attardée au sommeil ce matin de sorte que je ne sais pas à quelle heure tu t'es levé et ne peux par conséquent tirer des inductions plus ou moins vraies, plus ou moins satisfaisantes sur ta nuit. J'espère qu'elle a été selon mon cœur et que tu as dormi comme un bon petit noir à moi. En attendant je pense à ma chère petite lettre bouquet de demain. Mon âme s'enivre déjà par avance de son parfum et j'attends avec impatience le moment de la serrer sur mon cœur...

À Juliette Drouet
Dimanche 21 mai [1865]
« (...) je commence ma journée comme je finirai ma vie, comme je commencerai mon éternité, par toi, mon doux ange. Cette exquise fête du printemps que nous admirions hier et que j'admire ce matin, dans toutes les fleurs et dans tous les rayons, c'est ta fête (...).
Dieu soit béni de nous avoir unis dans cet indissociable amour ! Je t'aime. Ta fête, c'est mon amour.

À Victor Hugo
Guernesey 21 mai 1866. Lundi mat 7h1/4
« Cher adoré bien aimé, ta lettre a toutes les senteurs du paradis et tout l'éclat des astres. J'en ai l'enivrement et l'éblouissement comme si je respirais ton âme en pleine lumière de ton génie. J'en suis ravie et confuse comme le jour où tu m'as dit pour la première fois : je t'aime. À ce moment-là j'avais peur de n'être pas assez belle pour tes baisers aujourd'hui je crains de n'être pas assez ange pour ton amour, et pourtant Dieu sait si je t'aime et comment je t'aime. Mes scrupules sont encore de l'amour. Modestie et orgueil, fierté et humilité, tout est amour en moi. Je t'aime comme un humble esprit que je suis, je t'adore comme un être divin que tu es. Je baise un à un chaque mot de ta ravissante lettre en attendant que je l'étreigne sur mon cœur. Je ramasse le bouquet symbolique que tu mets si galamment à mes pieds et j'en fais une couronne de gloire. Certes il n'est pas donné à beaucoup de couples de s'aimer sur la terre pendant trente-trois ans sans un moment de regret (...).

KATHERINE MANSFIELD À SAMUEL KOTELIANSKY ET À SON MARI

Nouvelles du front : guerre conjugale

Au printemps 1912, l'écrivain D.H. (David Herbert) Lawrence (1885-1930), qui travaillait alors à son troisième roman, *Amants et fils* (*Sons and lovers*), partit avec Frieda Weekly, la femme de son ancien professeur. Frieda, née von Richthofen, parente éloignée du « baron rouge » Manfred von Richthofen, avait six ans de plus que son amant et laissait derrière elle trois enfants – ce qui, même après le divorce et le remariage avec Lawrence, devait être l'occasion de multiples et très violents affrontements avec son ex-mari.

Par l'intermédiaire de *Rhythm*, nouvelle revue de l'avant-garde littéraire, dont le rédacteur en chef était John Middleton Murry, le couple fit la connaissance de la Néo-Zélandaise Katherine Mansfield, qui avait une liaison avec Murry. En 1911 était paru le premier livre de Katherine Mansfield, *Une pension allemande*, recueil de treize nouvelles à caractère le plus souvent satirique, dans une tonalité qui évoquait aux yeux d'un critique de l'époque celle des nouvellistes français et russes. Très vite, les deux couples passèrent beaucoup de temps ensemble, forgeant des projets de revue ou de communauté, et sur les instances pressantes de Lawrence, ils finirent par s'établir effectivement au printemps 1916 dans deux maisons contiguës sur la côte nord des Cornouailles, solitaire et battue par les vents. Ce ne fut pas une bonne période pour Katherine Mansfield, dont la santé était précaire et qui se sentait de plus en plus marginalisée au sein de ce quadrige. Lawrence était d'humeur extrêmement changeante : d'une douceur encore toute « féminine », il pouvait d'un instant à l'autre perdre complètement le contrôle de lui-même. Frieda de son côté parlait constamment de sexe et de symboles sexuels, au point que Katherine Mansfield proposa de rebaptiser la maison des Lawrence « The Phallus », idée que Frieda trouva excellente. Dans une lettre à Samuel Koteliansky, son meilleur ami, juif ukrainien, Katherine Mansfield décrit une de ces scènes de ménage à la Strindberg que connaissaient les Lawrence. Son récit, qui n'a rien à envier aux meilleures de ses nouvelles, se lit comme un reportage d'actualités sur le front de l'éternelle guerre des sexes.

À S.S. Koteliansky
(Higher Tregerthen, Zennor, Cornwall)
Jeudi (11 mai 1916)

« Tu riras de cette lettre tant que tu voudras, mon cher, tout sur la COMMUNAUTÉ. Il faut bien dire que c'est drôle.

En ce moment, Frieda et moi nous ne nous parlons même pas. Lawrence est à peu près à un million d'années de distance, bien qu'il habite à côté. Lui et moi, nous nous adressons encore la parole, mais sa voix est déjà aussi faible qu'une voix qui passerait par le fil du téléphone. Et ce uniquement parce que je ne peux pas supporter la situation entre eux deux, pour commencer. Il est humiliant

À gauche, KATHERINE MANSFIELD. À droite, SAMUEL SOLOMONOVICH KOTELIANSKY, photographié en octobre 1930 par lady Ottoline Morrell, réputée pour son excentricité.

– il inflige d'indicibles blessures intérieures. Je ne sais pas ce qui me révulse le plus – quand ils sont aimables et jouent ensemble ou quand ils se hurlent dessus, qu'il arrache les cheveux à Frieda en clamant : « Je te couperai le cou, charogne » et que Frieda court d'un bout à l'autre de la rue en quête de « Jack » qui est censé la sauver !! Et ce n'est là que la moitié de ce qui s'est vraiment produit hier soir. Tu sais bien, Catalina, que Lawrence ne va plus très bien ; il a un peu perdu la raison. Dès qu'on le contredit de quelque façon que ce soit, il est pris d'un accès de fureur, il se met complètement hors de lui, et ça dure jusqu'à un tel degré d'épuisement qu'il ne tient plus debout, doit se mettre au lit, et y reste jusqu'à ce qu'il soit remis. La cause des différends importe peu : que cela vienne de ce que toi, avec ton sexe, tu t'égares ou que tu sois habitée par un esprit obscène. Ces crises se produisent à chaque fois que, par hasard, je le vois plus qu'un court instant, et alors dès que je dis quelque chose qui n'est pas « sûr », il explose ! On se croirait sur un quai de gare, et l'humeur de Lawrence est comme une locomotive noire, qui crache sa fumée. Je ne peux penser à rien, je ne vois plus rien et j'attends le moment où elle va exploser dans un dernier grincement ! Quand il est furieux contre Frieda, il dit que c'est elle qui l'a mis dans cet état, et que c'est « un cloporte, qui s'est nourri de sa vie ». Je crois que c'est vrai. Je pense que maintenant il est atteint de véritable monomanie, après tout ce qu'il a toléré d'elle. Je vais te raconter ce qui s'est passé vendredi. Je suis allée prendre le thé chez eux. Frieda a dit que l'ode *À une alouette* de Shelley sonnait faux. Lawrence a dit : « Tu te hausses du col, tu n'y connais rien. » Alors elle a commencé : « Cette fois j'en ai assez. Sors de ma maison, toi, le petit dieu tout-puissant. J'en ai par-dessus la tête de toi. Tu vas enfin la fermer. » Lawrence a répliqué : « Je vais te donner une gifle, pour que tu la fermes, sale gosse. », etc., etc. Là-dessus, je suis partie. Au dîner, Frieda est apparue. « J'ai rompu définitivement avec lui. C'est fini, terminé pour toujours. » Puis elle est sortie de la cuisine, et elle s'est mise à marcher à travers toute la maison, dans le noir. Brusquement, Lawrence est arrivé et s'est jeté sur elle comme un fou, ce qui a donné une bagarre et des hurlements. Il l'a frappée – frappée à mort – sur la tête, le visage, la poitrine, en lui arrachant les cheveux. Pour finir ils se poursuivaient dans la cuisine en tournant autour de la table. Je n'oublierai jamais la tête de Lawrence. Il était tellement blanc – presque vert –, et il ne faisait que taper,

CORNOUAILLES – tableau représentant la côte de Kingsland vue de Pickle Point, par Thomas J. Purchas.

il battait cette grande femme molle. Puis il s'est affalé dans un fauteuil et elle dans un autre. Personne ne pipait mot. Un grand silence s'est établi, entrecoupé des sanglots de Frieda qui reniflait. D'une certaine façon, j'étais contente que la tension soit définitivement tombée entre eux – qu'ils aient mis fin à leur « intimité ». L. était assis là, fixant le sol en se rongeant les ongles. Frieda sanglotait. Et tout d'un coup, au bout d'un très long moment – un quart d'heure environ –, L. a levé les yeux et demandé quelque chose à Murry à propos de la littérature française. Murry a répondu. Peu à peu, tous trois sont revenus autour de la table. Puis F. s'est servi du café. Puis L. et elle se sont progressivement remis à parler ensemble et ont accepté une portion de « gratin de maccaroni, très gras, mais très bon ». Et le lendemain, il s'est flagellé, bien plus violemment encore qu'il n'avait frappé Frieda, et il s'est quasiment mis en quatre pour lui apporter le petit déjeuner au lit et lui faire la cour.

Les violentes sautes d'humeur de D.H. Lawrence pourraient avoir été les signes précurseurs de son atteinte de tuberculose, dont le diagnostic fut seulement établi en 1925. « Après une de ces crises, il est maintenant malade, a de la fièvre, il est perturbé et on le sent brisé », écrit Katherine Mansfield à son amie Beatrice Campbell. Elle observera par la suite sur elle-même une tendance

similaire aux accès de fureur. Le grand oiseau noir qu'elle évoque dans une lettre à Murry de 1918, se sera alors déjà posé sur elle. Au mois de février de cette même année, elle crache le sang pour la première fois, et la tuberculose, alors encore appelée phtisie, détruira progressivement son corps au cours des années suivantes.

L'aspiration qui resurgit constamment à s'installer avec Murry, qu'elle épouse peu après, et à fonder avec lui un foyer stable ne sera jamais satisfaite. Katherine Mansfield poursuivra son existence itinérante et vagabonde jusqu'à ce que son parcours la conduise en octobre 1922 – quelques semaines avant sa mort – à l'Institut pour le développement harmonique de l'Homme que le penseur ésotérique Georges Gurdjieff dirigeait au Prieuré de Fontainebleau.

C'est le trait tiré à la fin d'une relation à bien des égards indécise, qui aura duré douze ans, avec un homme de lettres aux possibilités très limitées, qui n'était pas particulièrement dynamique et qui avait une façon de l'idéaliser qui n'aura finalement pas été profitable à Katherine Mansfield, comme on le voit dans cette lettre qu'il lui envoya en 1915 :

23 Worsley Road
Hampstead, N.W.
28 décembre 1915
Mardi soir, 22 h 45

« Wig, ma chérie,
Je suis absolument sûr que je serai auprès de toi avant cette lettre, que nous la lirons ensemble et que nous en rirons aux larmes. C'est pourquoi il faut qu'elle soit courte. Une longue lettre me donnerait l'impression que nous serions maintenus éloignés l'un de l'autre.
Je suis revenu aujourd'hui de Garsington. J'y ai reçu ce matin tes deux télégrammes, où tu m'écris qu'il faut que je vienne. Lorsque je suis arrivé ici, il en est arrivé un troisième, où tu me supplies de ne pas venir. Cela m'a accablé. Il m'a semblé brusquement puéril, non pas puéril mais criminel de rester ne serait-ce qu'un seul jour encore loin de toi. Quoi qu'il arrive, il faut que je sois près de toi. Nous vivrons ensemble dans notre villa jusqu'à ce que l'été arrive. Oh, comme nous serons heureux et libres de tout souci.
Il faut que j'aille demain (mercredi) au consulat – je partirai jeudi. Ceci dit, je tremble qu'ils ne me fassent des difficultés. Ils ont promulgué tellement de lois ces

KATHERINE MANSFIELD, surnommée « Wig », et JOHN MIDDLETON MURRY, « Jag »
ou « Bogey », dans leur appartement londonien de Kensington, au mois d'octobre 1913.

derniers temps. J'espère et prie qu'ils ne m'en fassent pas, et avec ton télégramme, je pense, je pourrai les persuader. Oh ma chérie – pourvu qu'il en soit ainsi et samedi je tiendrai entre mes mains ton visage adoré.
Jag.

Avant de faire ses visites d'adieu et de partir pour Fontainebleau, elle déposa à sa banque une lettre d'adieu, qui devait être remise à Murry après sa mort :

« Mon Bogey bien aimé,
Il y a des jours et des jours que j'ai formé le projet de t'écrire cette lettre. Mon cœur se comporte tout ce temps de façon si bizarre, que je ne peux pas m'imaginer que ça ne signifie rien. Et comme je ne souhaite rien tant que te laisser dans l'ignorance, j'essaie tout simplement de coucher sur le papier ce qui me vient à l'esprit. Je te lègue l'intégralité de mes manuscrits, tu peux en faire ce que tu veux. Parcours-les un jour, mon cher, et détruis tout ce que tu n'utiliseras pas. S'il te plaît, fais disparaître toutes les lettres que tu ne souhaites pas garder, et tous les papiers. Tu sais comme j'aime la propreté. Fais table rase, Bogey, et laisse tout bien en ordre – tu me promets ?
Les livres sont bien sûr à toi... tout l'argent est aussi à toi. Et surtout, mon très très cher ami, c'est à toi que je lègue tout – au toi secret dont j'ai baisé les lèvres ce matin. Malgré tout, comme nous avons été heureux ! J'ai le sentiment que jamais amants n'ont passé plus joyeusement sur cette terre – malgré tout.
Adieu, mon bien aimé,
je suis pour toujours et éternellement
ta WIG

VIRGINIA WOOLF, par Edgar Holloway.

VITA SACKVILLE-WEST & VIRGINIA WOOLF

Invitation à prendre congé de la vie

L e 15 décembre 1922, Virginia Woolf écrit dans son journal : « Guère à mon goût plus exigeant – rubiconde, moustachue, bariolée comme une perruche, possédant toute la souple aisance propre à l'aristocratie, mais non l'esprit de l'artiste. Elle écrit quinze pages par jour – vient d'achever un autre livre (...) – connaît tout le monde. Mais pourrais-je jamais la connaître ? Je dois dîner là-bas jeudi. » La personne en question est Vita Sackville-West, de dix ans plus jeune qu'elle – Virginia Woolf a alors quarante ans, Vita en a trente. À tous égards, par ses origines et son allure, Vita est une aristocrate « comme il faut » ; les Sackville descendent de Guillaume le Conquérant et ont pour eux tout ce qui peut à cette époque fasciner une bourgeoise dans l'aristocratie : des domaines, de l'influence politique, une forme de mécénat, l'habitude du monde et des scandales.

« J'adore Virginia, et tu ferais de même. Son charme et sa personnalité te subjugueraient. C'était une bonne soirée... Mrs Woolf est d'une telle simplicité : elle fait forcément l'effet de quelque chose de grand. Elle est complètement sans artifice, sans aucune coquetterie extérieure – elle s'habille d'une façon épouvantable. Au départ, on la croit insignifiante ; ensuite s'impose une sorte de beauté intellectuelle, et l'on se découvre une certaine fascination à l'observer », écrit, enthousiaste,

VITA SACKVILLE-WEST, par Gisèle Freund (1939).

quatre jours plus tard, Vita Sackville-West à son mari, Harold Nicholson, diplomate, qui assiste alors à la Conférence de la paix à Lausanne. Vita et lui s'étaient rencontrés dix ans plus tôt ; ils s'étaient mariés en 1923. Dans les quatre premières années de leur mariage, Vita avait donné naissance à trois enfants, dont un mort-né.

Elle découvrit ensuite que son mari avait des relations homosexuelles et se lança peu après dans une liaison passionnée avec Violet Trefusis, qui était également mariée. Par la suite, le couple trouva un *modus vivendi*. Tandis que chacun des deux menait sa propre vie sexuelle et que leurs cercles de fréquentations professionnelles restaient séparés, l'amour pour leurs deux fils, des voyages entrepris en commun et une affectueuse correspondance dans les périodes de séparation maintenaient l'union.

« Si tu étais amoureux d'une autre femme ou moi d'un autre homme, écrit Vita à son mari en 1926, nous trouverions tous deux, ou tout au moins l'un de nous deux, une satisfaction sexuelle naturelle, qui enlèverait nécessairement quelque chose à notre relation. Mais de cette façon, les relations que nous nouons toi ou moi n'ont rien à voir avec la position plus naturelle, plus normale que nous avons l'un vis-à-vis de l'autre, et donc elles ne sont pas gênantes. » Cette formulation permettait de calmer le jeu car à cette date, la relation amoureuse de Vita avec Virginia Woolf avait pris des proportions (y compris sur le plan sexuel) qui inquiétaient les deux maris, et rendaient de temps à autres très acerbe Leonard Woolf, le

mari de Virginia. C'est ainsi que Vita avait trouvé le stratagème consistant à dissimuler les lettres d'amour qu'elle adressait alors à sa créature bien-aimée, à l'intérieur de lettres destinées à être lues également par Leonard. Et Virginia d'ironiser stupéfaite : « Tu es une merveille de discrétion – une lettre dans une deuxième. Cela, je n'y aurais jamais pensé... »

La relation entre ces deux femmes connut toutefois un passage à vide, et il s'écoulera un an et demi avant qu'elle ne reprenne son cours. La cause en fut un reproche et une offre, les deux émanant de Virginia Woolf, et représentant l'un et l'autre un défi à peine voilé. Le reproche consistait à dire que Vita écrivait toujours des lettres très impersonnelles, sans guère d'intimité. L'offre était au contraire d'écrire un récit pour Hogarth Press, la maison d'édition que Virginia avait fondée avec son mari en 1917, et dont elle était la directrice de publication. C'est alors que Vita, qui partait précisément avec son mari marcher dans les Dolomites, écrivit à Virginia une lettre qui devait faire date dans son existence :

**Tre Croci
Cadore, (Italie)
16 juillet (1924)**
« **Ma chère Virginia,**
J'espère que personne ne m'a encore jeté, ou ne me jettera jamais, un gant que je ne sois prête à relever. Vous m'avez demandé d'écrire un récit à votre intention. Et donc au sommet des montagnes, comme au bord de l'eau verte des lacs, je l'écris pour vous. Je ferme les yeux, aveugle au bleu des gentianes et au corail des androsaces ; je ferme mes oreilles au tapage des cours d'eau ; je ferme mes narines à la senteur des pins ; je me concentre sur mon récit [*Séducteurs en Équateur* (*Seducers in Ecuador*)]. Peut-être allez-vous jouer le rôle de l'Éditeur Poli et me retourner mon ouvrage – « La Hogarth Press regrette que le présent manuscrit, etc. » – ou toute autre formule qui se trouve être la vôtre. Quoi qu'il en soit, je ne vous garderai pas de rancune. Grâce aux pics des montagnes et aux lacs verts, et aussi au défi que cela représente, mon entreprise aura valu la peine, et c'est à vous seule qu'elle sera dédiée. (...) Aujourd'hui même j'ai fait l'ascension des neiges éternelles, et j'y ai trouvé de brillants pavots dorés qui bravaient à la fois le glacier et la tempête ; et j'ai eu honte de moi devant leur

Sur LE BUREAU DE VITA, au château de Sissinghurst, trônent côte à côte le portrait de son mari et de son amante.

courage. (...) Je ne saurais vous dire combien mes jambes ont parcouru maintenant de miles et d'altitudes dolomitiques. J'ai l'impression que tout mon intellect s'est comme englouti dans un absolu d'énergie physique et de bien-être. C'est ainsi, j'en suis convaincue, que nous devrions toujours nous sentir. Je contemple ces jeunes alpinistes équipés de leurs cordes et de leurs piolets et je me dis qu'eux seuls ont compris comment il faut vivre la vie. – Aurez-vous jamais, je me le demande, l'idée de planter là Bloomsbury et la culture, pour venir faire l'école buissonnière avec moi ? Non, c'est sûr, ça n'arrivera pas. Je vous ai dit une fois que j'aimerais aller en Espagne avec vous plus qu'avec n'importe qui d'autre, et vous avez eu l'air gênée et j'ai eu le sentiment d'avoir fait une gaffe, d'avoir été trop personnelle, en fait – mais il n'en est pas moins vrai que ma déclaration reste valable et que je ne serai complètement satisfaite que lorsque je vous aurai persuadée de partir avec moi. Ne voulez-vous pas venir l'an prochain dans cet endroit où les Gitans de toutes les nations accomplissent leur pèlerinage annuel en l'honneur d'une madone ou d'une autre ? J'ai oublié le nom. Mais c'est un endroit proche des provinces basques ; j'ai toujours eu envie d'y aller et, l'an prochain, ce sera chose faite. Je pense que vous feriez vraiment mieux de venir aussi. Songez-y, comme s'il s'agissait d'une matière littéraire – ce que vous faites, je crois, à propos de tout, y compris les relations entre les êtres humains. Oh oui, vous aimez mieux les gens par le cerveau que par le cœur, – pardonnez-moi si je me trompe. Naturellement il doit y avoir des exceptions ; il y en a toujours. Mais d'une manière générale... En outre je ne crois pas que l'on puisse jamais connaître les gens quand ils sont dans leur décor naturel ; on ne les connaît que loin, lorsqu'ils sont délivrés de tout le fatras des petites chaînes et des toiles d'araignée de l'habitude. Long Barn, Knole, Richmond ou Bloomsbury. Tout cela, qui est trop familier, trop apte à

faire tomber dans le panneau. Ou bien je suis chez moi et vous êtes étrangère, ou bien vous êtes chez vous et c'est moi l'étrangère ; si bien que personne n'est vraiment réel et qu'il n'en résulte que de la confusion. Mais dans les provinces basques, au milieu d'une horde de *Zingari* [gitans] nous serions toutes deux également étrangères et également réelles. Au total, je pense que vous feriez bien mieux de vous décider à prendre des vacances et à venir.
Vita

Comme elle le pressentait, le grand voyage que Vita proposait à Virginia au début de leur liaison ne se fit jamais, mis à part un séjour d'une semaine relativement anodin des deux amies en Bourgogne – plus une camaraderie qu'une lune de miel, comme le note la biographe Hermione Lee.

En revanche, Virginia ne laissa pas échapper la chance qu'elle avait cru entrevoir dans sa lettre, de s'assurer par la liaison avec Vita le moyen de prendre congé de la vie, au moins pour un temps.

Vita devait toutefois aussi avoir raison sur un autre point : la stratégie de Virginia pour traiter des choses de l'existence consistait à en faire l'objet de son écriture. Le recoupement entre littérature et liaison amoureuse marque non seulement le début mais aussi la fin de leur relation érotique.

Au départ, l'éditrice et écrivaine « appâte » la femme du monde et femme de lettres en lui laissant entrevoir la perspective de publier son récit *Séducteurs en Équateur* dans sa maison d'édition, parmi les plus grands noms de la littérature. Lorsqu'elle a enfin le manuscrit entre les mains, elle ne tarit pas de généreux éloges :

« Je suis sûre que tu as fait quelque chose de sensiblement plus intéressant... que jusqu'à ce jour. [Le récit] n'est évidemment pas entièrement maîtrisé ; je pense qu'il pourrait être retendu et mené plus directement à son issue, mais il n'y a rien là qui puisse le gâter. »

Fin 1927, lorsque l'intérêt que porte Vita à Mary Campbell, épouse du poète sud-africain Roy Campbell devient indéniable, Virginia Woolf réussit encore à reprendre en main leur relation.

52 Tavistock Sqre (W.C.I)
9 octobre (1927)

« Hier matin j'étais désespérée : tu sais bien le maudit livre que papa et Leonard essaient de m'arracher goutte à goutte de la poitrine ? *Fiction* ou un titre de ce genre. Comme je ne pouvais extirper de moi un seul mot, finalement j'ai mis ma tête dans mes mains, trempé ma plume dans l'encre, et écrit, presque comme un automate, sur une feuille vierge les mots : *Orlando, une biographie.* À peine avais-je terminé que mon corps a été inondé de ravissement et mon cerveau d'idées. J'ai écrit à une allure folle jusqu'à midi. Et maintenant j'écrirai tous les matins, jusqu'à midi, *Fiction* (ma propre fiction). Mais, écoute-moi bien ; à supposer qu'Orlando devienne Vita ; et que tout le livre tourne autour de toi et des concupiscences de ta chair et de la fascination de ton esprit (de cœur tu n'en as pas, toi qui vas batifoler dans les sentiers avec Campbell) – à supposer que le tout revête cette sorte de lueur de réalité qui s'attache parfois à mes personnages... à supposer, dis-je, que Sibyl dise en octobre prochain : « Cette fois Virginia y est allée, et elle a écrit un livre sur Vita », aurais-tu une objection ? Dis-moi oui, ou non. L'excellence du sujet que tu offres provient de ta naissance – mais que sont, pourtant, 400 ans de noblesse ? – et l'occasion ainsi fournie d'une profusion de passages descriptifs pleins de fioritures. En outre, je concède que j'aurais plaisir à démêler quelques fils étranges et contradictoires de ton caractère pour les retisser autrement ; à me pencher vraiment sur le problème Campbell ; et puis, comme je te l'ai dit, brusquement m'est venue à l'esprit l'idée que je pourrais du jour au lendemain révolutionner le genre de la biographie : en conséquence, j'aimerais bien, si tu n'y vois pas d'inconvénient, lancer ça dans l'air et voir ce qui se passe.

Vita Sackville donne son autorisation – Virginia Woolf ne lui a pas révélé le clou de son livre : le passage du personnage principal d'un sexe à l'autre. *Orlando, une biographie,* paru en 1928, fut le roman le plus populaire de Virginia Woolf.

Vita Sackville-West dans son château natal, KNOLE, par Gisèle Freund (1948).

FRIDA KAHLO & NICKOLAS MURAY

«Comme auparavant je n'ai aimé personne»

Le photographe hongrois Nickolas Muray, de son vrai nom Miklos Mandl, fait la connaissance de Frida Kahlo au Mexique en 1931. Elle est mariée au peintre mexicain Diego Rivera, qu'elle aime, mais ils vivront une liaison passionnée pendant dix ans. Le 16 février 1939, elle lui écrit de Paris :

« **Mon adorable Nick**
Mi Niño
(...) Ton télégramme est arrivé ce matin. J'en ai pleuré de bonheur, et parce que je me languis de toi de toutes les fibres de mon cœur. Ta lettre, mon chéri, est arrivée hier, et elle est si merveilleuse, si tendre, que je n'ai pas de mots pour te dire combien j'en ai été heureuse. Je t'adore, mon amour, comme jamais auparavant je n'ai aimé personne, crois-moi – seul Diego est aussi proche que toi dans mon cœur – toujours. (...)

« **Ma chère, chère Frida,**
J'aurais dû t'écrire déjà depuis longtemps. C'est un monde compliqué que celui où nous vivons, toi et moi. Cela a certainement été épouvantable pour toi, mais ça ne l'était pas moins pour moi, quand je t'ai laissée à New York, pour apprendre ensuite d'Ella Paresce que tu étais partie. Je n'en ai été ni choqué, ni irrité, je savais combien tu étais malheureuse, combien ton entourage habituel, tes amis, Diego et ta maison et tes habitudes coutumières te manquaient. Je sais que New York n'était pour toi qu'une étape passagère, intermédiaire et qu'à ton retour tu as trouvé tout à fait intact ton environnement familier. De nous trois, en fait deux seuls importaient réellement pour toi, je l'ai perçu depuis longtemps. C'est aussi ce que m'ont trahi tes larmes, lorsque tu as entendu sa voix. Celui des trois que je suis te sera éternellement reconnaissant du bonheur qu'une moitié de ton être m'a si généreusement offert. (...) Lorsque tu es partie, j'ai compris que tout était fini. (...) Tu as fait la seule chose logiquement juste, car je ne pouvais transplanter pour toi le Mexique à New York, et j'ai compris entre-temps à quel point tout cela était indispensable pour toi. (...)
De tout cœur, Nick

FRIDA KAHLO, avec son faon domestique Granizo, photographiée par NICKOLAS MURAY, à Coyoacan, Mexique, vers 1948.

AUTOPORTRAIT à la robe de velours, 1926.

Brassaï photographia les deux écrivains à plusieurs reprises : ci-dessus, ANAÏS NIN, à la villa Seurat, en 1933
et en page de droite, HENRY MILLER au chapeau, dans l'embrasure d'une porte, en 1931.

ANAÏS NIN & HENRY MILLER

« Je serais épouse, mari, poète »

Henry Miller et Anaïs Nin se rencontrèrent en 1931 lors d'un séjour des Miller en France. Anaïs a vingt-huit ans, Henry quarante. Ce fut le début d'une grande amitié littéraire, et d'une liaison passionnée, qui achoppera après quelque temps sur l'égoïsme d'Henry. L'amitié, elle, ne s'essouflera jamais, et ils s'écriront vingt années durant des lettres d'une intensité extrême, soustendues par le respect mutuel pour les capacités artistiques et littéraires de l'autre.

Louveciennes,
11 juin 1932

« Henry,
(...) Choses que j'ai oublié de te dire : (...) que je t'aime et que, lorsque je me réveille le matin, je me creuse la tête pour trouver de nouvelles façons de t'apprécier. Que lorsque June reviendra, elle t'aimera encore davantage parce que je t'ai aimé. Il y a de nouvelles feuilles sur ton crâne déjà trop riche.
Que je t'aime.
Que je t'aime.
Que je t'aime.
Je suis devenue une idiote comme Gertrude Stein. Voilà l'effet de l'amour sur les femmes intelligentes. Elles ne savent plus écrire de lettres.
Anaïs

Clichy,
14 juin 1932

« Anaïs !
(...) Je suis fou de toi ! Chaque fois que je te vois, je découvre de nouvelles merveilles, une nouvelle ligne de hanches, de nouvelles ceintures, de nouveaux sourires, de nouvelles fossettes, de nouvelles méchancetés. Ces dernières m'inquiètent furieusement. Tu deviens une Médicis. Mais ta table de travail est ce qui m'intrigue le plus. Demande-moi de t'écrire quelque chose sur elle un jour. Sa géographie ! Si tu étais pauvre, sais-tu ce que je ferais ? Je travaillerais pour gagner ma vie – comme coiffeur ou chauffeur de taxi, ou femme de ménage. Je serais épouse, mari, poète, etc. – tout à la fois. Parce que je t'aime comme un fou, comme un fou.
Henry

SIMONE DE BEAUVOIR A NELSON ALGREN

«Mon bien-aimé mari-sans-mariage, j'ai besoin de vous»

Malgré une passion brûlante, la relation entre Simone de Beauvoir et Nelson Algren reste atypique : elle vit en France, lui aux États-Unis et aucun des deux n'est prêt à quitter « sa vie » pour l'autre. De 1947 à 1964, Simone de Beauvoir écrit trois cent quatre lettres d'amour à Nelson Algren et, comme il ne parle pas le français, c'est en anglais qu'elle rédige ces lettres.

Mardi 25 mai [1947]

« Mon bien-aimé (...) Je reviens doucement à la vie, par exemple je commence à être capable de travailler. C'est un peu comme si j'avais été malade toute la semaine, j'étais si vague, tout, autour de moi, si irréel, je ne sais pas combien de fois je me suis raconté et reraconté notre histoire de Chicago et de New York, depuis votre premier baiser à l'aéroport jusqu'à votre dernier sourire au coin de la rue. Je la connais par cœur, cette histoire, chaque sourire, chaque regard, chaque baiser, chaque mot, je ne me lasse pas de la ruminer des heures et des heures. Mon chéri, si vous saviez comme vous me manquez, vous deviendriez arrogant et fat, plus gentil du tout. Je vais aller à Paris voir des amis et en premier passer à mon hôtel dans l'espoir d'une lettre. Écrivez-moi très souvent, s'il vous plaît. Je le ferai de mon côté. Je vous aime si chaudement, si profondément que j'en suis stupéfaite. Je ne croyais pas que ça pourrait encore m'arriver, eh bien c'est arrivé et je m'en réjouis, bien que ce soit douloureux aussi. Oh ! j'aimerais tant être près de vous, sentir votre épaule contre ma joue et vos bras m'entourer étroitement – vous me regarderiez, je vous regarderais et nous saurions tout ce qu'il y a à savoir, nous serions heureux.
Votre Simone

Mercredi 13 août [1947]

« Nelson mon amour, j'ai eu vos lettres cet après-midi à Stockholm, et je suis entrée dans une petite *conditorei* devant la poste centrale pour les lire. Elles m'ont comblée et tout le jour j'ai pensé que je vous aimais tant. Il est minuit, je suis morte de fatigue mais il me faut vous le dire : je vous aime tellement. C'est stupéfiant comme je vous comprends et comme vous me comprenez, cette compréhension réciproque est une des choses les plus précieuses dans notre amour. Oui, quand j'ai écrit cette lettre sérieuse et réfléchie, je voulais exactement dire ce que vous avez compris ; je suis soulagée que vous admettiez que parfois ne pas pouvoir donner toute sa vie ne signifie pas qu'on n'aime pas profondément, parce que je sais que les deux vérités ne s'excluent pas : en un sens nos vies resteront séparées et pourtant, je vous aime très fort. Ce que vous dites est juste : nous aurons beaucoup plus de choses en commun, nous nous aimerons beaucoup

À gauche, portrait de SIMONE DE BEAUVOIR par Elliott Erwitt (1949).
À droite, Simone de Beauvoir avec NELSON ALGREN et Olga Kosakiewicz à Cabres, vers la même époque.

plus que bien des gens mariés ; quand nous nous rencontrerons, ce sera par amour, quand nous nous séparerons, ce sera dans l'amour, nous serons heureux ensemble, nous nous manquerons l'un à l'autre. Maintenant soyons heureux, pensons à notre prochaine rencontre : dans trois semaines. Le taxi s'arrêtera, je monterai l'escalier, j'ouvrirai la porte. En un clin d'œil vous serez là, vos bras autour de moi. Mon bien-aimé mari-sans-mariage j'ai besoin de vous autant que vous de moi. (...)

Vendredi 3 décembre 1948

« Très cher vous chéri. Je suis contente d'avoir eu cette lettre de septembre, qui nous incite à aller jusqu'au fond du problème. En un sens je ne peux pas dire que la dernière, la longue, m'ait transportée de bonheur. Certes je savais, depuis la nuit où j'ai tant pleuré, que notre histoire se terminerait d'ici assez peu de temps, qu'en un sens quelque chose déjà était mort, mais tout de même quel choc de prendre conscience que la fin aurait pu survenir si vite, dès cet automne, qu'elle pouvait survenir demain – non, ça ne m'a pas transportée de bonheur. Cependant vous avez parfaitement raison, tout ce que vous dites se justifie. Je peux très bien imaginer votre besoin d'avoir une femme toute à vous, vous la méritez, une femme qui n'abandonnerait pas sa propre destinée pour vous prendre comme mari. Vous serez une très belle destinée pour une femme, j'aurais de grand cœur choisi cette destinée moi-même si les circonstances ne me l'interdisaient. Oui, je comprends, Nelson. Je souhaiterais seulement que votre fidélité de l'an passé ne vous attriste pas ; elle avait un sens. Pendant une année ça a signifié tellement pour moi de connaître un pareil amour, fidèle, vrai, chaleureux, il m'a touché profondément le cœur, et je vous l'ai rendu avec un tel bonheur que si vous tenez encore un peu à moi, vous ne devez pas le regretter ; ne vous blâmez pas de m'avoir tant donné puisque ce fut reçu avec tant de reconnaissance. La vie est froide et courte, oui, c'est pourquoi vous auriez eu tort de mépriser des sentiments comme les nôtres, chauds, intenses. Nous n'avons pas été fous de nous aimer ainsi et de sacrifier le reste, nous nous sommes rendus heureux pendant un temps, vraiment heureux, c'est plus que la plupart des gens n'obtiendront de leur vie, je ne l'oublierai jamais et vous vous en souviendrez parfois, j'espère. (...)

L'Antiquité nous a légué une vision idéalisée de l'amitié qui suppose le plus parfait accord et l'harmonie spirituelle entre les partenaires. Traditionnellement s'inscrivait aussi dans cette conception l'idée que le rapport d'amitié échappait au temps. Montaigne, par exemple, distingue la passion (sexuelle) de l'amitié en se fondant sur l'écart de durée. Le feu de la passion, qu'il limite à l'« amour des femmes », est « plus actif, plus cuisant et plus âpre. Mais c'est un feu téméraire et volage, ondoyant et divers, feu de fièvre, sujet à accès et remises et qui ne nous tient qu'à un coin. En l'amitié, c'est une chaleur générale et universelle, tempérée au demeurant et égale, une chaleur constante et rassise, toute douceur et polissure, qui n'a rien d'âpre et de poignant. »

On peut toutefois douter que cette typologie idéale des formes que sont susceptibles de prendre les relations humaines ait encore la moindre chance de correspondre aujourd'hui à notre sensibilité. Il y a déjà un siècle, Georg Simmel, l'un des pionniers de la sociologie moderne, attirait l'attention sur le fait que même dans le domaine de l'amitié, nous tendions de plus en plus à établir des distinctions. C'est qu'il y aurait des degrés de l'amitié : on peut être plus ou moins ami avec tel ou tel, sans pour autant lui accorder d'emblée la qualité d'ami. L'amitié pour un individu ou un autre peut aussi s'attacher plus fortement à tel ou tel aspect de notre personnalité. Enfin le ou la meilleur(e) ami(e) ne doit pas nécessairement rester tout au long de la vie une seule et même personne. L'amitié étant toujours, plus ou moins, une façon de pénétrer dans l'intimité d'un autre, les questions de profondeur, d'ampleur et de mode de relation y jouent donc un rôle important.

De plus le sexe, toujours selon Simmel, n'est pas négligeable en l'occurrence. Dans son analyse du *Deuxième Sexe* qui a fait date dans l'histoire, Simone de Beauvoir trouve à cette différence des raisons historiques et sociales. Du côté des femmes, elle constate une tradition prépondérante des sentiments de faiblesse qui se perpétue jusqu'à nos jours : « [Les hommes] communiquent entre eux en tant qu'individus à travers les idées, les projets qui leur sont personnels ; les femmes, enfermées dans la générosité de leur destin de femmes, sont unies par une sorte de complicité immanente… elles se liguent pour créer une sorte de contre-univers dont les valeurs l'emportent sur les valeurs mâles. »

Ces phénomènes, les hommes s'y heurtent sans les comprendre, en sont tout au moins étonnés, sans négliger la

LETTRES D'AMITIÉ

« QUELLE VIE ! »

part de jalousie : la communauté à connotation plus ou moins complice de la chaleureuse – à leurs yeux souvent superficielle – intimité des femmes entre elles, où l'essentiel alterne avec l'insignifiant de façon imprévisible, ils ne savent comment l'aborder et croient même souvent y voir une menace. Simone de Beauvoir, qui n'était pas suspecte d'antiféminisme, résume la différence fondamentale de la communication entre hommes et entre femmes en disant que les femmes « ne discutent pas des opinions, elles échangent des confidences et des recettes ». Si l'on remonte un ou deux siècles en arrière, on voit se dessiner clairement le schéma qui fait la différence entre les amitiés masculines et féminines : l'homme, qui doit faire ses preuves dans un environnement extérieur hostile, se trouve lui-même en s'affirmant contre d'autres. La femme, qui gère la maison, se trouve dans l'écoute de son intériorité et l'échange avec d'autres. Jusqu'à nos jours encore, la majorité des femmes soumises à une tension émotionnelle réagissent par une forme d'auto-analyse ; elles mènent des conversations interminables avec leurs amies ou épanchent leurs sentiments dans des lettres ou des journaux intimes. L'homme, face à une situation comparable, cherche au contraire à se distraire : il s'absorbe encore plus profondément dans son travail, fait du sport ou noie ses problèmes dans l'alcool. Ce ne sont bien évidemment là que des clichés. Ils révèlent bien cependant qu'une amitié entre hommes n'est pas la même chose qu'une amitié entre femmes. Et cela vaut aussi pour leurs correspondances respectives.

Cela étant, l'éventail des lettres d'amitié entre femmes est incroyablement large. Bien souvent, la sœur toute proche ou quelque autre parente est depuis l'enfance et reste la meilleure amie de l'âge adulte, surtout lorsqu'une union conjugale veut que cette période se vive loin de la terre natale. La proximité et l'intimité des heures de l'enfance demeurent le plus solide, voire le seul fondement d'une amitié qui dure toute une vie. Dans le grand livre des amitiés entre femmes, celui des amitiés littéraires aurait mérité un chapitre à part. Je me limiterai ici à un exemple qui montre que l'ambivalence des rapports sentimentaux, telle que la dévoile Freud, existe aussi dans les rapports d'amitié entre femmes : l'attirance réciproque était incontestablement très forte entre Katherine Mansfield et Virginia Woolf, pourtant leur amitié ne demeura pas sans réserves de l'une vis-à-vis de l'autre, et elle finit par achopper sur leur rivalité littéraire. Nous éclairerons aussi le vaste champ des amitiés entre hommes et femmes par des exemples pris dans la jeunesse ou dans l'âge avancé.

Élisabeth Charlotte, PRINCESSE PALATINE DU RHIN, Madame, duchesse d'Orléans, par Pierre Mignard (1675).

LA PRINCESSE PALATINE À SES PROCHES EN ALLEMAGNE

«Ce que l'on se doit de taire dans la vie, on peut en parler dans les lettres»

La princesse Élisabeth Charlotte d'Orléans écrit de Versailles à sa famille allemande : « Si vous saviez comment tout se passe ici, vous ne vous étonneriez pas que je ne sois plus très gaie. Une autre à ma place (...) serait sans doute morte de tourment depuis longtemps ; moi j'en deviens seulement grosse et grasse. » Ces deux phrases suffisent à illustrer l'ambiguïté de sa position, mais aussi la personnalité affirmée de cette princesse palatine à la cour de Louis XIV. La fille de l'électeur palatin Charles-Louis avait été mariée à l'âge de dix-neuf ans, par l'entremise d'une tante vivant à Paris, au duc Philippe, qu'à la cour on appelait « Monsieur frère du roi » ou plus brièvement « Monsieur ».

Élisabeth Charlotte, surnommée « Liselotte », découvrit à Versailles des façons de se comporter qui différaient complètement du cadre dans lequel elle avait été élevée, et qui étaient aussi à l'opposé de sa franchise de caractère. Au lieu du naturel et du rapport direct qu'elle appréciait, régnait le carcan de l'étiquette ; on ne pouvait guère parler ouvertement, et même dans le cercle le plus restreint, il fallait dissimuler si l'on voulait parvenir à ses fins. Il n'y avait pratiquement aucune possibilité de retraite, on était constamment entouré de gens qui, au pire, risquaient même d'être des espions. Élisabeth Charlotte ne pouvait pas disposer de sa propre personne, et elle n'entrevoyait pas non plus de possibilité de participer aux processus de décision politique, ce qui outrepasserait ses fonctions de représentation, ni de faire ainsi valoir son influence. « Moi, pour ma part j'aimerais mieux être comte d'empire et avoir ma liberté, qu'enfant, car nous ne sommes en fait que des esclaves couronnés », se lamentait « Madame ». Et d'ajouter : « Je serais morte étouffée si je n'avais pas dit ça. »

La situation était encore aggravée par le fait que le bon rapport qu'elle entretenait au départ avec Louis XIV se refroidit de plus en plus. Son allure garçonnière impressionnait le roi qui l'emmenait volontiers à la chasse – passe-temps que sa propre épouse détestait. Les nouvelles en arrivèrent même aux oreilles de madame de Sévigné, qui constatait avec étonnement, dans une de ses lettres, que le roi éprouvait un désir de faire plaisir à Madame qu'il n'avait jamais manifesté à l'égard de

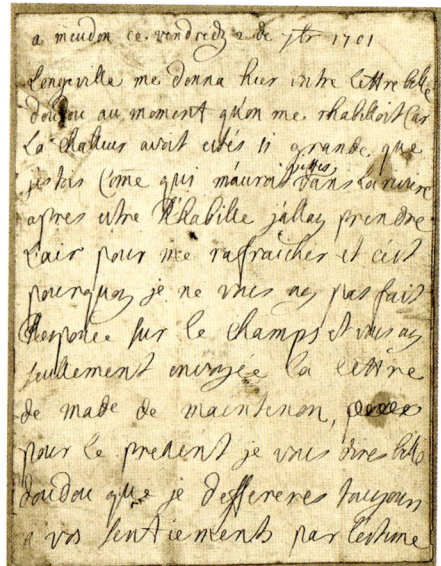

On estime que la princesse Élisabeth Charlotte, née à Heidelberg et mariée à la cour de France, a dû écrire 60 000 LETTRES, en allemand et en français.

Et en la personne de madame de Maintenon, il choisit une maîtresse qui empêcha l'exercice de toute influence germanique sur lui. Liselotte disait de cette rivale qu'elle ne pensait pas qu'il pût y avoir au monde diable plus méchant que cette « vieille ratatinée », avec toute sa dévotion et son hypocrisie. Elle confirmait le proverbe allemand qui dit que là où le diable ne réussit pas, il dépêche une vieille femme. Madame de Maintenon elle-même ne resta évidemment pas dans l'ignorance de la cordiale aversion que lui vouait Madame, ce qui ne fit qu'augmenter encore l'isolement de cette dernière.

Elle formule les choses de façon directe et sans fard

Dans cette situation, qui se perpétua jusqu'à la mort de Louis XIV en 1715, la princesse Palatine adressa en Allemagne un nombre extraordinaire de lettres. Six mille de ces lettres ont été conservées à la postérité. La rédaction quotidienne de ces missives remplaçait pour elle ces plaisirs de l'amitié qui lui faisaient si cruellement défaut dans la vie de cour.

Dans ses lettres, la princesse Palatine formulait les choses d'une façon directe et sans fard, allant plus d'une fois jusqu'à la grossièreté. Alors que c'était une lectrice passionnée, elle mentionna un jour qu'elle ne lisait plus autant qu'elle écrivait – en clair, elle écrivait encore plus qu'elle ne lisait –, car elle disait qu'on s'entretient mieux avec les gens en écrivant qu'en lisant, et que c'était chez elle un besoin constant. Il n'est guère pensable que cette femme, qui n'avait pas sa langue dans sa poche et qui dès son arrivée à Versailles avait remarquablement perfectionné sa maîtrise de la langue française, n'ait pas su s'exprimer haut et fort à la cour et en société. Mais là, il fallait qu'elle veille attentivement au choix de ses termes, à leur sens caché et à toutes leurs connotations possibles. Dans ses lettres au contraire, elle s'exprimait sans détour et disait les choses comme elles lui venaient à l'esprit. C'est ce qu'elle appelait écrire *teutsch heraus* (« avec la spontanéité teutonne »), et cela allait donner lieu, auprès des lecteurs des siècles suivants, à maintes mésinterprétations. Alors que son souci était avant tout cette franchise sans laquelle elle se sentait incapable de vivre.

personne d'autre. Mais cette page allait vite être tournée : après avoir rempli son devoir conjugal en lui faisant trois enfants (dont seuls deux survécurent), Monsieur négligea complètement son épouse. Louis XIV, pour sa part, fit envahir par ses armées le pays natal de Liselotte, en y pratiquant la tactique de la terre brûlée, ce qui lui aliéna la sympathie de sa belle-sœur. La violence de l'émoi que lui causa l'ordre d'annexer tout le Palatinat, opération au cours de laquelle furent détruites les villes de Mannheim et de Heidelberg (y compris le château, en 1693) est attestée par la lettre qu'elle écrivit de Versailles, le 20 mars 1689, à sa tante Sophie, princesse électrice de Hanovre :

« (...) Et ce qui m'est le plus douloureux, c'est qu'on se soit servi de mon nom pour précipiter les pauvres gens dans le malheur le plus extrême (...) Dût-on m'ôter la vie, il m'est cependant impossible de ne pas regretter, de ne pas déplorer d'être pour ainsi dire le prétexte de la perte de ma patrie. (...) Oui, quand je songe à tout ce qu'on y a fait sauter, cela me remplit d'une telle horreur que chaque nuit, aussitôt que je commence à m'endormir, il me semble être à Heidelberg ou à Mannheim, et voir les ravages qu'on a commis. Je me réveille alors en sursaut, et je suis plus de deux heures sans pouvoir me rendormir.

elle la première à écrire longuement sur les aspects corporels d'une vie de femme, l'accouchement et la dégénérescence physique, et à cet égard non plus elle ne se voile pas la face. La première des deux lettres reproduites ici fut écrite quelques années après la naissance de son fils Philippe qui, à la mort de Louis XIV, serait appelé à assurer la régence du royaume de 1715 à la majorité de Louis XV en 1723, le frère aîné de ce dernier étant mort en bas âge l'année précédente. La deuxième lettre date de vingt bonnes années plus tard, Liselotte avait alors quarante-six ans. La dégradation de l'allure extérieure liée aux cicatrices que laissait, tant sur le visage que sur le corps – si seulement on y survivait –, la variole, alors extrêmement répandue, n'était pas un phénomène exceptionnel. Un siècle plus tard encore, l'impératrice Marie-Thérèse devra, par exemple, réviser les projets matrimoniaux qu'elle nourrissait pour sa famille, parce que deux de ses filles auront été emportées et une troisième complètement défigurée par la « petite vérole ».

Lorsqu'elle s'en tenait à sa langue maternelle dans ses lettres, ce n'était pas avec l'intention de mener une politique culturelle et linguistique, mais parce qu'elle voulait préserver le sentiment de sa propre valeur dans un monde qui n'était pas le sien. Elle savait très bien que ses lettres étaient lues par les services de la censure du roi. « Là-dessus, il y aurait encore beaucoup à dire, écrit-elle un jour, mais on ne peut pas le confier à la plume ; car toutes les lettres sont lues et scellées à nouveau. » Se fiant pour une bonne part à son style original, très souvent elle n'en tenait aucun compte. La duchesse d'Orléans fut sans doute l'une des rares personnes chez qui le style épistolaire, d'une percutante fraîcheur, surpassait en naturel le style parlé.

On ne prend pas toute la mesure de son importance parmi les auteurs de correspondance lorsqu'on fait de la princesse Palatine la représentante de la tradition allemande. Mais on réduit aussi artificiellement cette importance en ne voyant en elle qu'un auteur de chronique de cour, jetant un regard extérieur sur une réalité singulière.

Sa propre personne lui est un objet de curiosité remarquable, et ce très précisément là où elle s'inscrit dans ce que Simone de Beauvoir nomme l'« universalité du destin féminin ». Peut-être la princesse Palatine fut-

À Mme von Harling
St Cloud, 10 octobre 1676

« J'ai déjà écrit à ma tante une longue lettre, une des premières que j'ai écrites depuis mes couches, mais je ne veux pas laisser partir ce courrier sans vous remercier de tous les vœux que vous exprimez pour moi et pour mon nouveau-né [sa fille] dans votre lettre du 29 septembre ; quant à moi, je me suis, grâce à Dieu, trouvée extrêmement bien depuis mes couches, et je n'ai pas eu la plus petite incommodité, quoique le mal d'enfant ait été beaucoup plus rude que les deux autres fois. J'ai été, durant dix heures, dans de grandes douleurs, ce qui, à dire la vérité, m'effraie tellement que je ne me soucie plus d'être un tuyau d'orgue, comme vous me l'écrivez. Les enfants sont trop durs à venir ; s'ils vivaient, on prendrait son parti ; mais quand on les voit mourir, comme j'en ai fait cette année la triste expérience, alors il n'y a plus aucun plaisir à tout cela. Le duc de Chartres est, grâce à Dieu, en parfaite santé, ainsi que sa petite sœur, qui est aussi grasse qu'une oie engraissée et très-grande pour son âge. Lundi dernier, on les a baptisés ; on leur a donné mon nom et celui de Monsieur ; ainsi le garçon s'appelle Philippe et la petite fille Élisabeth-Charlotte. Il y a donc une Liselotte de plus dans le monde ; Dieu veuille qu'elle ne soit pas plus

PROMENADE EN CARROSSE À FONTAINEBLEAU de Monsieur, frère du roi, et de sa seconde femme, la princesse Palatine.

malheureuse que je ne risquerais de l'être, et elle n'aura pas à se plaindre. Du reste, je vous suis très reconnaissante, de souhaiter avoir mon fils auprès de vous, de même que je le souhaite ; je pense que si ma tante le voyait, il la divertirait un moment, car il parle et sait marcher tout seul et il vous enfle la tête toute la journée de telle sorte qu'on ne sait plus où on en est ; il fait toujours la conversation au roi et à la reine quand ils viennent nous voir.

À la raugrave Amélie-Élisabeth
Port-Royal, le 22 août 1698
« (...) Il faut que vous ayez perdu tout souvenir de moi pour que vous ne me rangiez pas parmi les laides : je l'ai toujours été et le suis devenue davantage encore par suite de la petite vérole ; de plus ma taille est monstrueuse, je suis carrée comme un dé, la peau est d'un rouge mélangé de jaune, je commence à grisonner, j'ai les cheveux poivre et sel, le front et le pourtour des yeux sont ridés, le nez est de travers comme jadis, mais festonné par la petite vérole, de même que les joues ; je les ai pendantes, de grandes mâchoires, les dents délabrées ; la bouche aussi est un peu changée, car elle est devenue plus grande et les rides sont aux coins : voilà la belle figure que j'ai, chère Amelise ! (...)

MADAME DU DEFFAND & VOLTAIRE

«Vous me croyez peut-être morte, je ne le suis pas encore»

Marie de Vichy de Chamrond, marquise du Deffand, tint un salon où la mondanité tempérait l'intellectualité. Elle échangeait avec Voltaire, son ami et complice de longue date, des lettres élégantes et facétieuses. Lorsqu'elle recevait une lettre brillante, envoyée par le philosophe qui s'était fixé à la frontière suisse, la marquise la diffusait dans le tout-Paris de l'époque et l'expédiait même parfois à Londres. Mais le plus inattendu de cette correspondance vient de l'âge des protagonistes : ils ont dépassé la soixantaine et savent plaisanter de la vieillesse, de la souffrance et même de la mort.

À Voltaire
1er avril 1772

« (...) Mais, mon cher Voltaire, je ne me soucie plus de rien ; il n'y a de différence d'une automate à moi, que la possibilité de parler, la nécessité de manger et de dormir qui sont pour moi la cause de mille incommodités. Je voudrais savoir pourquoi la nature n'est composée que d'êtres malheureux ; car je suis persuadée qu'il n'y en a pas un seul de véritablement heureux. Et j'en suis si convaincue que je n'envie le sort ni l'état de personne ni d'aucune espèce d'individus, quels qu'ils puissent être, depuis l'huître jusqu'à l'ange. Mais bientôt nous serons l'un et l'autre, quoi ? que serons-nous ? Vous ne serez plus vous, vous y perdrez beaucoup ; je ne serai plus moi, je n'y peux que gagner. Mais encore une fois que serons-nous ? Si vous le savez, dites-le-moi, et si vous ne le savez pas, n'y pensons plus...

À la marquise du Deffand
15 mars 1769

« (...) Voici un petit ouvrage contre l'athéisme, dont une partie est édifiante et l'autre un peu badine ; et voici, en outre, mon testament que j'adresse à Boileau. J'ai fait ce testament étant malade, mais je l'ai égayé selon ma coutume ; on meurt comme on a vécu. (...) Tout gai que je suis, il y a des choses qui me choquent si horriblement que je prendrai congé sans regret. Vivez, Madame, avec des amis qui adoucissent le fardeau de la vie, qui occupent l'âme et qui l'empêchent de tomber en langueur. Je vous ai déjà dit que j'avais trouvé un admirable secret c'est de me faire lire et relire tous les bons livres à table, et d'en dire mon avis. Cette méthode rafraîchit la mémoire et empêche le goût de se rouiller, mais on ne peut user de cette recette à Paris ; on y est forcé de parler à souper de l'histoire du jour ; et quand on a donné des ridicules à son prochain, on va se coucher. Dieu me préserve de passer ainsi le peu qui me reste à vivre ! (...) V.

Yolande Gabrielle Martine de Polastron, DUCHESSE DE POLIGNAC, portrait au chapeau de paille, par Élisabeth Vigée-Le Brun (1782).

MARIE-ANTOINETTE A YOLANDE DE POLIGNAC

« Ma tendre amitié pour vous ne cessera qu'avec ma vie »

Le caractère enjoué de la comtesse de Polignac, née Yolande de Polastron, séduisit Marie-Antoinette qui partageait le même goût pour un quotidien fait de légèreté et d'insouciance. Elles devinrent amies intimes, et Yolande de Polignac, ainsi que sa « société », comptèrent au nombre de ceux qui entouraient la reine dans les fêtes et les divertissements organisés en marge de l'étiquette. L'impératrice Marie-Thérèse ne cessait de critiquer cette jeune femme qui savait obtenir pour sa famille et ses amis les avantages les plus exorbitants. Ainsi, en 1782, la voilà élevée au titre de duchesse et recevant la charge de gouvernante des enfants royaux. Par ailleurs, nombre de rumeurs circulent sur la nature de ses relations avec Marie-Antoinette.

Le 5 novembre 1787, Joseph II, frère de Marie-Antoinette, lui écrivit : « Vous souvenez-vous, ma chère sœur, de ce que, la dernière fois que j'eus le plaisir de vous voir, assise sur une pierre dans l'avenue de Trianon, j'osais vous faire observer au sujet de cette soi-disant société ? Et je ne puis m'empêcher de vous dire que, si vous vouliez vous assurer si ces bonnes gens vous sont attachées vraiment ou s'ils ne s'aiment qu'eux-mêmes, que vous n'aviez qu'à leur refuser parfois leurs désirs, que vous verriez alors la valeur de leur attachement et distingueriez ceux qui vraiment aiment votre honneur et réputation, ou seulement leur avantage… »

Contrainte à l'exil par la Révolution française, la duchesse de Polignac quitte la reine avec un profond chagrin. Leur correspondance continue jusqu'à la mort de Marie-Antoinette sur l'échafaud, en 1793.

[16 juillet 1789]

« Adieu, la plus tendre des amies. Ce mot est affreux, mais il le faut. Voilà l'ordre pour les chevaux ; je n'ai que la force de vous embrasser.

Ce 19 novembre [1789]

« Je ne peux résister au désir de vous dire un mot, mon cher cœur. J'ai reçu votre lettre de Parme ; elle m'a fait bien plaisir et peine à la fois. Je sens combien votre constante et tendre amitié doit être affectée pour nous. Ma santé est assez bonne, celle de mes enfants est parfaite. Nous logeons tous trois dans le même appartement ; ils sont presque toujours avec moi et font ma consolation. J'espère que le temps ramènera les esprits, et qu'ils reprendront confiance dans la pureté de nos intentions. C'est le seul moyen que nous avons : tous les autres seraient inutiles et dangereux. Il est impossible que l'on ne revienne pas à nous, quand on verra et connaîtra notre véritable manière de penser. Le bon bourgeois et le bon peuple sont déjà très bien pour nous ici. Adieu, mon cher cœur ; je n'ose pas vous écrire longuement. Dieu sait quand cette lettre vous parviendra ! Croyez que ma tendre amitié pour vous ne cessera qu'avec ma vie. Je vous embrasse. (…)

JANE AUSTEN, dessinée par sa sœur Cassandra, vers 1810.

JANE AUSTEN À SA SŒUR CASSANDRA

Le sentiment avec l'intelligence

À l'époque où Jane Austen commença à écrire, le roman épistolaire dominait le monde littéraire. Les ouvrages de Samuel Richardson, *Pamela* (1740) et *Clarissa* (1747-1751), mais aussi l'œuvre plus tardive que Jane Austen aimait beaucoup, *Histoire de Charles Grandison* (1753-1754), le roman de Rousseau, *Julie ou La Nouvelle Héloïse* (1761), celui de Goethe, *Les Souffrances du jeune Werther* (1774), les romans de Frances (Fanny) Burney, *Evelina* (1778) et *Camilla* (1796), une image de la jeunesse que Jane Austen acheta aussitôt par souscription, mais aussi l'œuvre de John Cleland, *Mémoires d'une fille de joie* (1749), plus connu sous le titre de *Fanny Hill*, trouvaient non seulement beaucoup de lecteurs, mais aussi beaucoup d'imitateurs, avec dans l'un et l'autre groupe une majorité de femmes.

De toutes les formes d'expression écrite, la lettre était considérée comme celle qui se rapprochait le plus de l'expression orale, de la conversation. « Écris simplement comme tu parlerais, et tu écriras ainsi une belle lettre », conseillait le jeune Goethe à sa sœur – dans une lettre, cela va de soi. La proche parenté avec la conversation se traduisait aussi par le fait qu'on se lisait souvent les lettres dans le cercle familial ou dans un cercle d'amis, et ce même lorsqu'elles contenaient des informations assez intimes. Il y avait carrément une sorte de compétition entre les destinataires, à savoir qui réunirait sur sa personne le maximum de preuves de confiance de ses correspondants. Mais même celui qui écrivait une lettre se mettait à l'ouvrage en ayant le sentiment de prendre part, au moins sur le papier, à la vie sociale de l'absent, avec sa famille et ses amis.

Le naturel et la spontanéité de la lettre lui valut d'une autre manière encore une carrière sans exemple dans la seconde moitié du XVIIIe siècle : elle fut la forme privilégiée pour sonder ses propres sentiments, les exprimer et les communiquer aux autres. Un roman épistolaire raconte son histoire dans le miroir de lettres publiées, par exemple, par un éditeur fictif. La progression de l'action ne se fait qu'indirectement – elle découle de l'information que le lecteur tire de la succession des lettres. Cela peut paraître au premier abord un désavantage. Mais cet inconvénient se révèle profitable dès lors qu'il s'agit de rendre présente aux lecteurs, de la façon la plus directe et la plus tangible, la vie intérieure des personnages. Les lettres présentées donnent accès à la conscience cachée de l'héroïne ou du héros de roman. En ce sens, la lettre est dans le roman un genre précurseur du monologue intérieur. Avec les moyens littéraires de l'époque, le roman épistolaire offrait à ses lecteurs l'opportunité de voir au fond du cœur des personnages fictifs avec lesquels ils s'identifiaient. Pas une forme littéraire ne l'avait permis jusqu'alors et cela suffit à expliquer l'énorme succès du genre auprès d'un public pour qui l'empathie avec des âmes sensibles semblait le nec plus ultra de la délectation artistique. Et c'est précisément sur ce point que s'articula la critique de Jane Austen.

La carrière de romancière de Jane Austen ne commença pas seulement par la composition de farces et de pièces burlesques jouées dans le cercle familial ; elle s'attaqua tout de suite aussi au genre du roman épistolaire qu'elle exploita de façon parodique, par exemple dans *Amour et amitié*, œuvre de l'année de ses quinze ans qui travestit de façon brillante, et aujourd'hui encore comique, les thèmes et motifs sacro-saints des romans de Richardson et du *Werther*.

C'est surtout le culte de la sensibilité que Jane Austen tourne en dérision avec beaucoup de talent comique : elle n'effeuille pas seulement les stéréotypes sur lesquels est fondé le roman sentimental – par exemple, ceux de l'amour coup de foudre, ou de la chaste amitié –, mais montre également que se cache souvent derrière les délices de la sensibilité, le mutisme et un manque de jugement.

Elle écrivit des romans qui montraient aux femmes leurs possibilités

Les premiers vrais projets de romans, que Jane Austen entreprit à l'âge de vingt ans passés, n'en étaient pas moins restés inféodés au genre du roman épistolaire. Mais ils ne furent publiés qu'une bonne quinzaine d'années plus tard ; entre-temps – longue crise existentielle et crise de l'écriture –, l'auteur s'était employée à leur transformation fondamentale, de telle sorte qu'il ne subsistait quasiment plus rien de leur forme initiale. Le grand mérite de Jane Austen est d'avoir débarrassé le roman de la complaisance, des longueurs et des bavardages de ses prédécesseurs, de l'avoir libéré de cadres figés et de lui avoir ainsi donné une vivacité nouvelle. Elle avait en outre l'intuition que la majorité de son lectorat était féminin, et écrivit des romans qui révélaient aux femmes leurs possibilités de faire quelque chose de leur vie.

Cette même écrivaine, qui refusait, dans ses romans, de faire usage de la lettre comme raccourci permettant d'accéder au cœur de ses personnages et de ses lecteurs, a écrit tout au long de sa vie des lettres extraordinairement vivantes. Ce n'étaient toutefois pas des épanchements de sensibilité, et elles n'avaient pas non plus la moindre prétention littéraire. La lettre était pour Jane Austen le moyen le mieux adapté pour informer avant tout sa sœur Cassandra des petits événements de son quotidien – les plus particuliers comme les plus habituels, le plus souvent de très habituels – et rester en contact avec elle. Aujourd'hui, la plupart d'entre nous prendraient sans doute leur téléphone pour parler de ce genre de choses – excursions, maladies, vêtements, achats, bals, événements du voisinage.

Lorsqu'un critique qualifie les lettres publiées à titre posthume, alors qu'elles n'avaient jamais été destinées à la publication, de « désert de trivialités parsemé ici ou là d'oasis de méchanceté avisée », il n'a certainement pas tout à fait tort. Seulement le quotidien, pour celui qui doit le surmonter, n'est jamais simplement trivial, et tout cela dépend naturellement du ton sur lequel c'est raconté. Et là, nous retrouvons toutes les qualités de la description qu'apprécient jusqu'à ce jour encore les lecteurs des romans de Jane Austen : l'absence totale de sentimentalisme avec laquelle sont observées les choses de la vie, l'apparente désinvolture avec laquelle est traité l'essentiel, le sens des absurdités de la vie de tous les jours, un laconisme détaché et moqueur, l'attention portée au présent, qui comptait bien davantage pour Jane Austen que le passé ou l'avenir, ou encore cette réserve ironique dont elle ne se départit dans aucune situation.

C'est ainsi que le thème de l'amitié, qui n'était pas un élément négligeable pour Jane Austen, est abordé comme en passant et avec une connotation ironique sous-jacente. L'amitié était d'après elle un phénomène graduel ; on pouvait être plus ami avec l'un qu'avec l'autre : il s'agissait en l'occurrence – comme dans tous les domaines de l'existence – non seulement du sentiment, mais de l'observation exacte et d'une vive capacité de jugement. Au bas de l'échelle des liens d'amitié se trouvait la relation sociale souhaitée et prévisible qu'elle considérait comme superficielle parce qu'elle n'impliquait aucune attention aux particularités de l'autre. C'est ce qu'illustre, par exemple, l'histoire qu'elle raconte à Cassandra de Mrs Chamberlayne, dame du monde de la station balnéaire de Bath, dont elle respectait fort la coiffure bien apprêtée, mais pour qui elle ne pouvait éprouver de sentiments, comme elle l'écrit à Cassandra dans une autre lettre.

« L'amitié entre Mrs Chamberlayne et moi que tu avais prédite bat déjà son plein – chaque fois que nous nous rencontrons, nous nous serrons la main.

Notre longue marche vers Weston était de nouveau prévue pour hier, et curieusement elle a eu lieu. Tous les autres de notre groupe ont décliné l'invitation sous un prétexte ou sous un autre, mis à part nous deux, ce qui fait que nous avons eu un tête-à-tête, mais nous l'aurions eu de toute façon au bout de quelques mètres, même si la moitié de la population de Bath s'était mise en route avec nous.

Tu aurais ri de nous voir nous propulser : nous sommes montées par la colline de Sion et revenues à travers champs. Pour ce qui est de grimper sur une colline, Mrs Chamberlayne est vraiment géniale ; j'ai eu toutes les peines du monde à la suivre, et pourtant je n'aurais renoncé pour rien au monde. Après, sur terrain plat, j'allais à son pas. Et c'est ainsi que nous nous sommes propulsées sous un soleil de plomb, elle sans ombrelle, ni la moindre visière à son chapeau qui eût pu lui faire de l'ombre, et sans jamais faire une pause. Nous avons traversé le cimetière de Weston à une vitesse incroyable, comme si nous avions peur d'être brûlées vives. Maintenant que j'ai vu ce dont elle était capable, je ne peux qu'éprouver du respect pour elle (...).

À l'autre bout de l'échelle de l'amitié, il y avait au contraire le lien qui attachait depuis leur plus tendre enfance Jane et Cassandra Austen à Martha Lloyd, qui serait plus tard la deuxième femme de leur frère Francis. Avec elle, on pouvait entretenir un rapport de confiance qui satisfaisait tant la raison que les sentiments.

Stevenson, mardi 8 janvier (1799)

« **Ma chère Cassandra,**
De la crainte que le domestique de Mrs Hulbert ait pu m'assassiner dans le bosquet de Ashe Park il y a si peu de trace dans ta lettre que je me fais un plaisir de ne même pas te raconter si j'y ai été ou non, et me contenterai de te dire que je ne suis pas rentrée à la maison, pas plus cette nuit-là que la suivante, car Martha m'a gentiment fait une place dans son lit... La nounou et l'enfant ont dormi par terre, et nous avions un peu de tout dans tous les sens, mais c'était très agréable. Le lit se prêtait particulièrement bien à se tenir éveillé jusqu'à deux heures du matin en bavardant, pour dormir le reste de la nuit. J'aime Martha plus que jamais, et j'ai l'intention d'aller la voir le plus souvent possible quand elle rentrera à la maison.

Avec ses façades « *georgian style* », BATH était considérée comme une des stations balnéaires les plus élégantes d'Europe.

Le même sentiment de proximité marquait aussi le lien de Jane Austen avec sa sœur Cassandra, de deux ans son aînée, qui était en même temps sa meilleure amie. Elles avaient grandi entourées de six frères, mais en tant que filles, comme on accordait moins de prix à leur éducation, elles avaient toujours eu leur propre domaine et une certaine marge de liberté dans la maison familiale. Toutes deux restèrent célibataires, Jane en dernier ressort volontairement, parce qu'elle n'aurait pu concilier une existence d'épouse et de mère avec son travail d'écrivain, Cassandra à cause d'une histoire d'amour qui s'était mal terminée. Les deux sœurs partagèrent toute leur vie la même chambre ; si jamais elles étaient séparées, elles s'écrivaient systématiquement deux fois par semaine. D'après leur mère, elles étaient si attachées l'une à l'autre que « si Cassandra s'était fait couper la tête, Jane aurait voulu à tout prix qu'on la lui coupe aussi ».

Toutefois ce lien étroit a eu parfois au cours de leur vie, surtout pour Jane, quelque chose d'oppressant. Comme on le perçoit à travers les lettres, elle était toujours soucieuse de soutenir le moral de son aînée, ce qui fait qu'il lui arriva d'exagérer la moquerie qu'elle exerçait à l'égard des autres. Cette idée d'écrire pour faire rire autrui, en l'occurrence sa sœur aînée, pourrait bien être d'une certaine façon la motivation initiale de l'écriture chez Jane Austen. Mais à cet égard, nous en sommes réduits à des hypothèses, dans la mesure où après la mort de Jane, Cassandra a détruit toute sa partie de la correspondance et « censuré » les lettres de sa sœur : soit en les détruisant aussi, soit en rendant illisibles certains passages.

GEORGE SAND âgée d'une soixantaine d'années, photographiée par Nadar.

GEORGE SAND À GUSTAVE FLAUBERT

La «chère maître» salue le «vieux troubadour»

En 1855 Gustave Flaubert écrivit: «Tous les jours je lis du George Sand et je m'indigne régulièrement pendant un bon quart d'heure», et son potentiel d'indignation était considérable. Sa première œuvre imprimée, *Madame Bovary*, était encore inédite, alors que George Sand, qui s'adressait selon lui «aux écoliers en quatrième et aux couturières» et qui avait dix-sept ans de plus que lui, en était à une bonne quarantaine de publications. Le motif de son aversion, Flaubert, en tenant du dogme de l'impersonnalité dans l'art, l'avait dévoilé trois ans auparavant dans une lettre à sa maîtresse Louise Colet, son aînée elle aussi (de dix ans): «Tu arriveras à la plénitude de ton talent en dépouillant ton sexe, qui doit te servir comme science et non comme expansion. Dans George Sand, on sent les fleurs blanches, cela suinte, et l'idée coule entre les mots comme entre des cuisses sans muscles.»

Face à ce brutal rejet, il peut sembler miraculeux que les deux écrivains, dont les conceptions littéraires, sociales, politiques et esthétiques n'auraient guère pu différer davantage, aient été liés d'une amitié intense de 1866 à la mort de George Sand en 1876. Cette amitié trouve son reflet dans une correspondance que les spécialistes considèrent comme l'une des plus belles, sinon la plus belle du XIXᵉ siècle. Très vite, il l'appelle «grand cœur» ou «chère maître», et elle le nomme «mon bénédictin» ou «mon vieux troubadour». Il lui écrit: «Je ne sais pas quelle espèce de sentiment je vous porte, mais j'éprouve pour vous une tendresse particulière et que je n'ai ressentie pour personne jusqu'à présent.» Leurs conciliabules nocturnes l'avaient enchanté, il avait même dû se retenir par moments pour ne pas la couvrir de baisers comme un gros enfant.

Alphonse Jacobs, qui a passé de longues années de sa vie à réunir les lettres de George Sand et de Flaubert, pensait avoir découvert le mécanisme de ce phénomène miraculeux. Il dit que leur correspondance ressemble à la conversation entre deux vieillards pleins d'admiration l'un pour l'autre et heureux d'avoir chacun trouvé avec qui s'entretenir des principaux problèmes de l'existence, tout en découvrant avec stupéfaction que l'on peut être différent et néanmoins s'entendre. À cela viennent très certainement s'ajouter, d'une part le besoin qu'éprouva toute sa vie George Sand de choisir des partenaires envers qui elle pouvait développer une tendresse maternelle, et d'autre part le trait que les frères Goncourt croient avoir observé chez Flaubert, mais qui était aussi un des traits de caractère de George Sand, ainsi que nous avons pu le noter dans sa liaison avec Musset: l'obsession d'avoir toujours fait et supporté des choses plus extraordinaires que les autres. Sans doute n'a-t-il pas été question, en l'occur-

GUSTAVE FLAUBERT, de dix-sept ans son cadet, entama en 1863 une correspondance avec George Sand.

rence, d'amour au sens de relations sexuelles. La lettre de George Sand que nous reproduisons ci-dessous marque la dernière période de son amitié avec Flaubert. Celui-ci a promis à plusieurs reprises de rendre à nouveau visite à George Sand à Nohant, après y avoir passé les fêtes de Noël 1869. La rencontre a été ajournée à plusieurs reprises, mais elle doit enfin avoir lieu, et l'écrivain russe Ivan Tourgueniev, ami de Flaubert, sera du voyage.

Nohant, 15 mars [18]73

« Enfin, mon vieux, on peut t'espérer prochainement. J'étais inquiète de toi. J'en suis toujours inquiète, à vrai dire. Je ne suis pas contente de tes colères et de tes parti pris [sic]. Ça dure trop longtemps et c'est en effet comme un état maladif, tu le reconnais toi-même. Oublie donc, ne sais-tu pas oublier ? Tu vis trop en toi-même et tu arrives à tout rapporter à toi-même. Si tu étais un égoïste et un vaniteux, je me dirais que c'est un état normal, mais chez toi, si bon et si généreux, c'est une anomalie, un mal qu'il faut combattre. Sois sûr que la vie est mal arrangée, pénible, irritante pour tout le monde, mais ne méconnais pas les immenses compensations qu'il est ingrat d'oublier. Que tu te mettes en colère contre celui-ci ou celui-là, peu importe si cela te soulage ; mais que tu restes furieux, indigné, des semaines, des mois, presque des années, c'est injuste et cruel pour ceux qui t'aiment et qui voudraient t'épargner tout souci et toute déception.

Tu vois, je te gronde, mais, en t'embrassant, je ne songerai qu'à la joie et à l'espérance de te voir refleurir.

Nous t'attendons avec impatience et nous comptons bien sur Tourgueniev que nous adorons aussi.

J'ai beaucoup souffert tous ces temps-ci, d'une série de fluxions très douloureuses ; ça ne m'a pas empêché de m'amuser à écrire des contes et de jouer avec mes fanfans. (...)

On t'attend, on prépare une mi-carême fantastique, tâche d'en être. Le rire est un grand médecin. (...)

Viens travailler chez nous, la belle affaire que de faire venir une caisse de livres !

Si l'on en croit le journal de George Sand, cette visite dont on avait tant espéré a été décevante à bien des égards, au moins pour elle. Elle se plaint par exemple de ce que son « troubadour » s'essouffle en dansant – en clair, de ce que Flaubert, qui est beaucoup plus jeune, soit moins en forme qu'elle avec ses soixante-huit ans –, ou de ce que Flaubert veuille toujours être au centre de tout, et que Tourgueniev, pourtant bien plus intéressant, se trouve de ce fait marginalisé. « Je suis fatiguée, courbaturée de mon cher Flaubert. Je l'aime pourtant beaucoup et il est excellent, mais trop exubérant de personnalité. Il nous brise. »

À peine huit jours plus tard devait avoir lieu une deuxième rencontre. George Sand avait besoin d'un nouveau dentier et était donc venue à Paris : Flaubert l'avait invitée avec Tourgueniev et Jules de Goncourt au restaurant Magny, pour leur faire savoir là qu'il les attendait au Véfour. « Nous voilà remballés en sapin. Nous montons trois cents marches de Véfour, pour trouver Flaubert endormi sur un canapé. Je le traite de cochon, il demande pardon, se met à genoux, les autres se tiennent les côtes de rire. »

Mais cette deuxième rencontre ne se déroule pas non plus selon son goût. « Il n'a pas déparlé et n'a pas laissé placer un mot à Tourgueniev, à Goncourt encore moins. Je me suis sauvée à dix heures. Je le reverrai demain, mais je lui dirai que je pars lundi. J'en ai assez de mon petit camarade. Je l'aime, mais il me fend la tête en quatre. Il n'aime pas le bruit, mais celui qu'il fait ne le gêne pas... »

George Sand n'a manifestement pas revu Flaubert le len-

LE CHÂTEAU DE NOHANT, dans le Berry, domaine qui avait été acquis par la grand-mère de George Sand.

demain ; en tout cas, il n'y a rien à ce sujet dans son journal. On peut donc supposer que la tapageuse soirée du Véfour à été leur dernière rencontre. Leur correspondance ne s'est pas interrompue pour autant, jusqu'à la mort de George Sand le 8 juin 1876. La dernière année de sa vie, elle lui expose encore une fois tous les arguments qu'elle peut trouver contre la doctrine flaubertienne de l'impersonnalité dans l'art et fait suivre son long sermon de deux phrases qui pourraient être une sorte de résumé de leur difficile relation d'amitié : « Les natures opposées sur certains points se pénètrent difficilement et je crains que tu ne me comprennes pas mieux aujourd'hui que l'autre fois. Je t'envoie quand même ce griffonnage pour que tu voies que je me préoccupe de toi presque autant que de moi-même. »

VIRGINIA WOOLF & KATHERINE MANSFIELD

La rivale

Dans son journal, le 18 novembre 1919, quelques années avant sa liaison amoureuse avec Vita Sackville-West, Virginia Woolf note : « Avoir des amitiés avec des femmes m'intéresse. » Cette formule lapidaire retient l'attention dès lors qu'on la replace dans le contexte de ses relations avec Katherine Mansfield, une amitié de femmes d'un type tout particulier. « La vérité, je crois, c'est que l'une des conditions tacites de notre amitié, depuis le début, est qu'elle repose presque entièrement sur des sables mouvants », note encore Virginia Woolf. Bien sûr, elles avaient déjà entendu parler l'une de l'autre lorsqu'elles se rencontrèrent pour la première fois, au mois de février 1917. Lytton Strachey, ami de Virginia Woolf du temps de Bloomsbury, avait relevé chez Katherine Mansfield un esprit « percutant et d'une vulgarité un peu absconse ». Virginia Woolf la trouva à son tour plutôt désagréable et sans scrupules. Son déracinement et son goût aventurier, même sur le plan sexuel, étaient en contradiction radicale avec l'esprit bourgeois de Virginia, au moins dans les apparences extérieures – ce mélange de « toit au-dessus de sa tête », « un mari, une maison, des domestiques, des propriétés », comme Katherine Mansfield se moqua un jour (alors que c'était aussi ce qu'elle enviait à Virginia). Mais – et au départ ce fut bien le motif déterminant pour s'engager dans une relation avec cette consœur écrivaine – Virginia Woolf était aussi lectrice dans sa propre maison d'édition, Hogarth Press. Katherine Mansfield était l'auteur prometteur de nouvelles originales, écrivant, avec un mélange de naïveté et de raffinement, une prose d'une tonalité bien particulière. Katherine Mansfield en fournit très vite un séduisant échantillon sous la forme d'une lettre rédigée à la suite de leur première rencontre, à laquelle assistaient aussi Vanessa, la sœur de Virginia, et Murry, le mari de Katherine.

141 A, Church Street, Chelsea, S. W.
(24 juin ? 1917)
« **Chère Virginia,**
C'est très volontiers que je dînerai avec vous seule mercredi : vendredi je ne peux pas. Depuis que j'ai lu votre lettre, je vous ai écrit aussi, et vous m'avez aussi un peu « poursuivie ». J'ai très envie de vous revoir. Le souvenir de cette dernière soirée est si curieux : votre voix et celle de Vanessa dans l'obscurité – les disques blancs des assiettes flottant dans l'air – avec un arôme de fraises et de café… et un sentiment, comme si s'écoulait devant la fenêtre un fleuve profond et sombre, plein du bruissement sourd de petites anguilles aux oreilles pointues qui partent en Norvège et reviennent…
Mon Dieu, il me plaît tellement d'imaginer, Virginia, que vous soyez mon amie, ne me reprochez pas trop d'ardeur, et ne dites pas non plus, la tête un peu penchée sur le côté avec un sourire comme si vous aviez le secret d'un

KATHERINE MANSFIELD (à gauche) et VIRGINIA WOOLF (à droite) se rencontrèrent pour la première fois au mois de février 1917 ; elles sympathisèrent d'emblée, chacune éprouvant toutefois vis-à-vis de l'œuvre narrative de l'autre un sentiment de rivalité.

charme magique : « Eh bien Katherine, on verra... » Pensez plutôt comme il est rare de trouver quelqu'un qui nourrisse pour l'écriture la même passion que vous, vous qui voulez être d'une honnêteté sans faille avec vous-même – et vous donner sans restriction la liberté de la ville.

Bien sûr, l'intuition de Katherine Mansfield n'était pas fausse : c'est leur commune « passion pour l'écriture » et tout ce qui s'y rattachait qui les réunirent, Virginia Woolf et elle.

D'après ce qui nous en est rapporté, les deux auteurs auraient eu quelques conversations fascinantes, « d'une valeur inestimable » d'après Virginia, sur l'écriture et leur conception de la pratique de l'écrivain – « d'une valeur inestimable, au sens où il n'est personne d'autre avec qui je puisse parler de l'écriture avec aussi peu de lourdeur », note Virginia dans son journal. « Il était déjà assez rare, sans doute, de trouver une femme qui prenne à cœur autant que moi le fait d'écrire, mais elle me donne aussi la très étrange impression d'un écho que me renvoie son esprit à la seconde même où j'ai fini de parler. » Katherine Mansfield, dont on ne sait toutefois jamais exactement quelle est la part de flatterie dans ses communications écrites, partageait ce jugement. De Menton, où elle séjournait à cause de sa tuberculose, elle écrit à Virginia dans sa suggestive prose épistolaire, fin décembre 1920 :

« Je pense souvent à toi – très souvent. J'aimerais tellement parler avec toi... Si Virginia franchissait le seuil en disant : « Alors Katherine... » – ah, il y a mille choses dont j'aimerais parler avec toi. Je me demande si tu mesures ce qu'ont été pour moi tes visites – ou à quel point elles me manquent. Tu es la seule femme avec qui je sois désireuse de parler de mon travail. Il n'y en aura jamais d'autre.
Mais il y a tant de kilomètres entre nous...

Ce n'étaient pourtant pas uniquement les kilomètres, les six ans d'écart et les différences de tempérament ou de mode de vie qui séparaient les deux femmes. C'était surtout très précisément ce qui faisait aussi le lien entre elles ; leur « art bien-aimé », qui leur tenait tant à cœur à chacune, fit d'elles non seulement des alliées, mais aussi des rivales.

Hogarth House, Paradise Road, Richmond, Surrey
13 fév. (1921)

« Ma chère Katherine,

(...) J'ai vu Murry il y a deux soirs, en allant dîner à Gordon Square ; mais Clive [le mari de Vanessa] à une voix si forte, qu'on ne s'entend presque pas – pourtant nous avons parlé un peu de toi, et cela m'a bien plu. Il me vient toujours à l'esprit des choses que j'aimerais te dire, et il faut que je les écrive dans mon journal. Je me demande ce que tu penses de ton livre [*Félicité*] et ce que tu penses de ce que les gens en ont dit. Les critiques sont enthousiastes, mais d'un autre côté, les critiques sont bêtes. Veux-tu que je t'en écrive un de ces jours une critique ? Parfois je me dis que nous, bien que nous soyons si différentes, nous rencontrons à l'occasion les mêmes difficultés. Je suis en plein milieu de mon roman [*La Chambre de Jacob*], mais bien sûr il faut que je m'arrête pour gagner un peu d'argent. Je vais écrire un article sur Dorothy Wordsworth, pour payer notre nouvelle paire de draps, et puis je m'y remettrai. Je ne sais toutefois pas si ça peut se lire. Ce que j'admire tellement chez toi, c'est ta transparence. Ce que je fais devient toujours trouble ; et puis un roman doit avoir une continuité, et là je bricole tout le temps, et je passe d'un niveau à l'autre. Je crois que je cherche en dernier ressort à modifier la conscience de manière à en finir de cette façon avec cette horrible bouillie. Est-ce que tu vois ce que je peux vouloir dire ? Et tu me sembles aller de façon si droite et si directe – tout est si clair, si raffiné, si transcendé. Mais il faut encore que je le relise. J'ai le sentiment de n'avoir plus voulu uniquement du réalisme – rien que des pensées et des sentiments – plus de vaisselle ni de tables. Quand sort ton prochain livre ?... Ma chère Katherine, quelle lettre effroyablement longue ! Mes cloches sonnent comme les tiennes au clocher de l'église. Mais un dimanche soir à Richmond, ça ne se décrit pas. L. [le mari de Virginia, Léonard] et moi, nous allons nous faire cuire des œufs au jambon sur le fourneau à gaz ; puis j'apprendrai quelques mots de russe pour Kotéliansky, qui tient absolument à nous donner des cours ; puis je lirai Dorothy Wordsworth – mais sans doute que je méditerai beaucoup sur l'écriture, et sur Katherine ; et que je m'assoupirai devant le feu. S'il te plaît, Katherine, essayons donc de nous écrire.
De tout cœur,
V.W.

Le cercle littéraire réuni autour de Virginia Woolf à Londres se distinguait par son talent et son caractère non conventionnel. Katherine Mansfield et son mari JOHN MIDDLETON MURRY en faisaient également partie (photographie de 1921).

Le long récit de Katherine Mansfield *Le Prélude* fut publié par Hogarth Press, et d'autres nouvelles suscitèrent aussi l'admiration de Virginia. Mais lorsque parut, en 1918, *Félicité* (*Bliss*), elle ne réprima plus sa jalousie et son aversion pour certains traits sentimentaux et trop nettement sexuels à son goût de la prose de Katherine Mansfield. Elle la jugea, au moins dans son journal, « finie » : « Vraiment, je ne sais pas quelle part de confiance en elle, en tant que femme ou qu'écrivain, peut survivre à ce genre de récit (il faut dire que l'œuvre est mauvaise à faire dresser les cheveux sur la tête, kitsch, et que la pointe est faible). »

De son côté, Katherine Mansfield détesta cordialement le roman *Nuit et jour* publié par son amie en 1919 ; dans une critique, elle se moquait de Virginia Woolf, déclarant qu'elle était « Jane Austen mise au goût du jour... extrêmement cultivée, distinguée et brillante, mais surtout – suspecte... en plein milieu de notre admiration nous éprouvons une impression de vieillesse et de froid : jamais nous n'aurions cru nous retrouver devant quelque

Katherine Mansfield contraignit Virginia Woolf à se poser des questions essentielles concernant son écriture – ce qui rendit la relation à la fois si nécessaire et parfois si délétère –, et ces affrontements, qui étaient toujours aussi une lutte avec ses propres exigences, ne s'achevèrent pas avec la disparition précoce de Katherine Mansfield. Avec son roman *Mrs Dalloway*, publié en 1925, alors que Katherine Mansfield était déjà morte depuis deux ans, Virginia Woolf crut avoir définitivement battu sa rivale en matière de puissance d'innovation et de création littéraire : « Oui, si elle avait survécu, elle aurait continué d'écrire, et on aurait bien vu que je suis la plus douée », lisons-nous, presque atterrés de tant d'acrimonie, dans son journal.

Sur les instances de Murry, qui lui décrivait l'isolement croissant de sa femme gravement malade, Virginia avait tenté une fois de rompre le silence provoqué par des « pinaillages et des ragots ». Elle avait écrit à Katherine Mansfield une longue et chaleureuse lettre, capricieuse et consolatrice dans le style du bavardage woolfien, pleine de petits bruits divers, avec de nombreux points de référence à leur thème préféré de toujours, l'écriture.

Mais voilà, Katherine Mansfield ne répondit pas, et Virginia ne fit plus preuve de compréhension à l'égard de son silence, elle ne se préoccupa plus non plus de sa maladie mortelle (alors qu'elle-même était malade). Il y eut encore quelques commentaires mordants, puis la rivale mourut. La survivante se rendit compte brusquement que la conversation n'avait pas été menée à son terme, qu'elle avait juste été interrompue et que stagnait en elle quelque chose d'inachevé, qui était plus fort que la satisfaction d'être enfin à jamais débarrassée de « l'autre ». À certains égards, Vita Sackville-West a occupé dans la vie de Virginia Woolf la place que la mort de Katherine Mansfield avait laissée vacante, et qu'elle n'avait qu'incomplètement occupée de son vivant. Vita Sackville-West écrivait, elle aussi, mais son genre de littérature ne pouvait guère faire naître chez Virginia Woolf les mêmes sentiments de rivalité. Au moins de ce point de vue-là, elle se sentait infiniment supérieure à sa partenaire.

chose comme ça ! » Pareil verdict devait nécessairement toucher Virginia, surtout de la part d'une consœur dont, malgré toutes les réserves, elle tenait la prose pour novatrice, et dans cette mesure supérieure à la sienne. La critique ne blessa pas seulement Virginia Woolf, elle l'affecta profondément. La scène du début de *La Chambre de Jacob*, son roman suivant, qui ne relève plus du tout de la narration conventionnelle, contenait cachées, mais tout à fait identifiables pour la rivale, des références à *Le vent souffle*, l'une des meilleures nouvelles de Katherine Mansfield. C'est ainsi que Virginia Woolf tirait sa révérence à sa consœur, comme pour dire : j'ai compris – et tu vois, je sais faire aussi bien que toi, sinon mieux.

C'est justement dans leur façon d'aborder chacune la critique de l'autre, que les deux femmes de lettres différaient. Alors que Virginia Woolf, même dans le cas que nous venons de citer, recourait à une stratégie éprouvée consistant à adopter ce qui la menaçait, Katherine Mansfield s'enferma de plus en plus, sans doute pour une part en raison de sa maladie, dans le silence. Son amitié avec

MARCEL PROUST.

COLETTE A SES AMIS

« Je sens que pour vous j'irais jusqu'au plus meurtrier de l'égoïsme »

Colette a évoqué elle-même ses rencontres avec Proust dans un portrait intégré à *Belles Saisons* : ils se croisèrent dans le salon de madame Arman de Caillavet, puis au Ritz pendant la Première Guerre mondiale. À dater de *Mitsou*, ils échangèrent leurs livres. Colette possédait un exemplaire de *À l'ombre des jeunes filles en fleurs* enrichi de cet envoi : « À madame Colette, en souvenir attendri et émerveillé de *Mitsou*. Marcel Proust », et un exemplaire du *Côté de Guermantes* avec : « À madame Colette, hommage d'admiration et de reconnaissance profondes (je ne vous en écris pas plus j'ai 41 de fièvre, etc.). Votre ami respectueux ».

À Marcel Proust
[juin 1920]

« Cher ami comment allez-vous ? Je ne vous ai pas répondu assez tôt, mais il ne se passe jamais beaucoup d'heures sans que je pense à vous. On n'en finit pas d'imprimer et de brocher *Chéri*, je suis inquiète de votre opinion, et je vous envoie par impatience un jeu d'épreuves, mais elles ne sont pas corrigées, tant pis. C'est un roman que je n'avais jamais écrit – les autres, je les avais écrits une ou deux fois, c'est-à-dire que les « vagabondes », et autres « entraves » recommençaient

toujours un peu de vagues claudines. Ah ! si je pouvais seulement avoir la veine qu'on sorte un Marcel Proust pour mes vacances – ça et la mer ensemble, quels bains ! je vous serre affectueusement la main, et Jouvenel voudrait bien vous connaître.

69, boulevard Suchet
Auteuil 60-27
[Début juillet 1921]

« Cher ami, si au lieu de rendre compte des concours du Conservatoire, d'assister à des banquets limousins et de lire des contes pour *Le Matin*, je menais une vie de luxe (...) il y a longtemps que je me serais donné la joie de vous écrire, à cause de votre dernier livre [*Le Côté de Guermantes II*, suivi de *Sodome et Gomorrhe*]. Si je vous disais que je le fouille tous les soirs avant de dormir vous croiriez que c'est un gros compliment imbécile, et pourtant toutes les nuits Jouvenel retire doucement de dessous moi, habitué, votre livre et mes lunettes. « Je suis jaloux, mais résigné », dit-il. (...)

Comme je vous admire, et combien je voudrais que vous fussiez bien portant et heureux. Mais, bien portant, et ces sens si fins, le gros capitonnage de la santé les émousserait-il ? Je sens que pour vous j'irais jusqu'au plus meurtrier de l'égoïsme. (...)

85

Avec autant de naturel que dans ses romans, où elle fut l'une des premières à pratiquer l'autofiction, Colette livre dans ses lettres quelques pans de son existence à des amis capables de partager ses plaisirs et d'apprécier son exubérante vitalité.

À Henri Duvernois
Rozven, par St Coulomb
Ille-et-Vilaine
[Été 1919]

« Cher ami, je suis bien vilaine, n'est-ce pas ? Encore plus que vous ne le croyez. Ni lire, ni écrire, ni penser. Défricher la forêt vierge des vieux ajoncs, tailler un escalier sur le coteau, exhumer, d'un taillis féroce de ronces et d'épine, un petit bois de pins enseveli depuis des années. Se baigner trois fois par jour, pêcher la crevette et le crabe, et le poisson plat par nuits de lune. Nager sur le dos, le ventre, le flanc, avec une fierté de pou. Aboyer aux passants qui « coupent » par le sentier de côte chez nous. Regarder ma fille et les mouvements de son beau petit corps en caoutchouc. Tout cela, oui ! Mais rien d'autre. (...)
Colette de Jouvenel

À Charles et Lucie Saglio
9, rue de Beaujolais
Gut. 61-36
[Janvier 1938]

« On est bien fatigué, mais on est au Palais-Royal ! C'est une sacrée consolation. Et on a en outre, au centre d'une table ronde, une ronde corbeille de tulipes rouges, réconfort des yeux et de l'âme.
Soyez tous deux bénis et remerciés, chers amis. Venez voir ma vue ! Tout de suite, n'importe quand ! Ce n'est jamais très confortable, ces appartements du carré. Mais quelle province bien fermée ! Mme Massé m'envoie des poires cuites, la bistrote d'en face me fait porter une paire de crêpes farcies, l'antiquaire monte avec des salutations et des bâtonnets d'encens, et le gardien s'écrie en me voyant avec ma chienne sans laisse : « Vous êtes donc incorrigible ? » La fabricante d'abat-jours essuie un pleur. L'excellent restaurant Au Roi Louis XIV me dit : « Vous êtes venue me retrouver ? C'est moi et ma femme qui étaient rue du Cherche-Midi. » Trouvez-moi un quartier comme celui-ci ! Et le bougnat de la rue Chabanais qui est aussi une vieille connaissance ! (...)

Plus que deux écrivains, ce sont deux amies sensibles et proches que l'on découvre dans les lettres échangées avec Anna de Noailles de 1904 à la mort de cette dernière en 1933. La dédicace de Colette sur l'exemplaire de *La Seconde* imprimé sur un simili japon bleu qu'elle offrira à son amie le confirme : « À la comtesse de Noailles, hommage de ma tendre amitié et de mon admiration. Colette ».

À Mme de Noailles
La Bergerie
Beauvallon-Guerrevieille
Ste Maxime sur Mer, Var

« Je me demande pourquoi j'écris une si longue adresse ? Votre écriture, pareille à une plante qu'on nomme l'osier-fleuri, est entre les mains des infidèles, j'ai nommé Maurice Goudeket. Il vole, comme une pie, tout ce qui vient de vous. Il m'a déjà fait le même coup à Paris. J'ignorais tout de l'existence de salamandre. Les flammes, quarante-trois degrés, les pins qui coulent en résine, la mer bleu-féroce. Je couche sur la terrasse, il n'y a pas un moustique. Le lever du jour blanchit la mer avant le ciel. Madame et amie, l'ail et l'oignon sont si doux dans ce pays. Et je voudrais vous mener tous les jours boire le vin blanc au bal des pêcheurs, car je vous aime, et vous auriez du plaisir à voir danser ensemble de si beaux garçons. Pour la journée, on roule en voiture, à même le feu du ciel et de la terre, on se laisse tomber dans la mer, on remonte en voiture, et on se laisse retomber dans la mer.
Ma bonne chance a voulu que je rencontrasse dans la région votre Maurice, qui a toujours sur lui son maillot de bains, si j'ose écrire, dans un porte-cigarettes. Il m'a demandé pourquoi vous n'étiez pas ici et je n'ai su quoi lui répondre. Pourquoi n'êtes-vous pas ici ? Il demande aussi qu'au bas de cette lettre je dise qu'il baise votre parfaite petite main : après moi, s'il vous plaît !
Votre Colette

COLETTE au lit, Paris, par Gisèle Freund (1939).

INDIRA GANDHI, Premier ministre de l'Inde, lors d'un discours à la foule à Rae Bareli au moment des élections de 1971.

INDIRA GANDHI & DOROTHY NORMAN

Des amitiés profondes

En 1949, lors d'un voyage officiel de son père le Pandit Nehru aux États-Unis, Indira Gandhi fait la connaissance de la photographe américaine Dorothy Norman. Quoique tout semble les séparer, une amitié naît immédiatement entre les deux femmes, portée notamment par leurs préoccupations communes. Elle se poursuit des années durant par voie postale. Dans ses lettres, Indira Gandhi laisse voir une personnalité beaucoup plus complexe et sensible que la femme d'État dictatoriale que l'on connut par les médias.

The Residency
Bangalore, 12 juin 1951

« Si quelqu'un me demande à la fin de la semaine ce que j'ai fait, je ne serai pas vraiment en mesure de répondre, mis à part que les tâches de tous les instants paraissent toujours capitales et urgentes. Globalement, c'est une vie frustrante (...) Néanmoins il faut encore que je fasse quelque chose d'autre. Écrire ? Mais sur quoi écrirais-je donc ? J'ai des idées précises sur tout, mais elles sont toutes jetées en vrac.
Peut-être l'écriture y mettrait-elle un certain ordre et libérerait-elle la voie à des pensées futures et au travail. La seule chose que je pourrais faire ou vers laquelle je me sente attirée (mais n'est-ce pas une seule et même chose ?) est une sorte de recherche littéraire ou historique.

Ce qui m'étonne c'est l'art et la manière dont je peux t'écrire en parlant de moi, je n'ai encore jamais pu faire ça avec personne,
Love,
Indira

Woods Hole, Mass.
1ᵉʳ août 1951

« Tu dis qu'il te faut faire quelque chose, pour exploiter ta veine créatrice et productive. Mais tu ne pourras pas y arriver si tu continues de réprimer les autres côtés. Et comme tu as tout sous un contrôle si parfait : c'est ce que j'associe à toi quand je pense à toi. Je suis soulagée de savoir que tu te sens libre quand tu parles avec moi, voilà au moins quelque chose qui va sans retenue. Et tout un chacun a le désir de pouvoir être toujours ouvert et honnête. Seule la sincérité et le sentiment de pouvoir être sincère vis-à-vis de quelqu'un d'autre apporte une véritable satisfaction. J'ai souvent pensé combien tu devais être aimée, et comme tu devais épuiser ta pleine capacité d'amour. Pour être sincère et franche sur les sujets les plus extrêmement sensibles. Il y a en toi une telle artiste – dans ta quête des formes, des lignes et des couleurs, dans la façon dont tu t'habilles et te sers des fleurs – dans tout. Et aussi dans l'art et la manière dont tu vois les choses (...) je suis heureuse que tu existes.
Love,
Dorothy

HANNAH ARENDT & MARY MCCARTHY

Une complicité intellectuelle

Hannah Arendt est connue pour ses travaux sur la philosophie politique, Mary McCarthy est une romancière et journaliste américaine, auteur, entre autres, de *L'Oasis* et du *Groupe*. Leur correspondance révèle un dialogue profond soutenu par une amitié exemplaire : elles partagent leurs enthousiasmes et leurs angoisses, l'écrivain s'ouvrant aux problèmes de la pensée, la philosophe se montrant passionnée de littérature.

**Wellfleet, Massachusetts
16 septembre 1954**
« Très chère Hannah,
(...) Hannah, ta lettre m'a été un bonheur, un acte de munificence. Bowden s'est rendu immédiatement à la bibliothèque de Newport et en est revenu avec des piles de Kant, Kierkegaard et Nietzsche. Cette maladie aura eu au moins un mérite, me permettre de les lire toute la journée, l'esprit engourdi de fièvre, ce qui est plutôt bon, en ce sens que penser m'a semblé plus facile. C'est la première fois que j'ai eu quelque chance de comprendre Kierkegaard ou Kant. Maintenant je comprends (me semble-t-il) beaucoup mieux l'ensemble du sujet que lorsque je t'ai écrit. J'ai aussi relu Platon. Je discuterai un point de ta lettre : la réponse que tu dis socratique à la question de savoir pourquoi ne pas tuer sa grand-mère : parce je ne veux pas passer le reste de ma vie avec un meurtrier. N'est-ce pas vraiment une *petitio principi* ? Mon personnage moderne dirait à Socrate, en haussant les épaules : « Pourquoi pas ? Qu'y a-t-il de mal à être un meurtrier. » Et Socrate reviendrait à son point de départ. (...)
Toute ma tendresse
Mary

7 juin 1957
« Très chère Mary,
J'espère que Bowden t'a écrit à quel point j'ai aimé tes *Mémoires*. De tous tes livres, il me paraît être celui qui est le plus à ton image – ce qui n'est pas un « jugement de valeur ». Sur un plan technique autant qu'artistique, les textes sont reliés entre eux par les commentaires en italique ; l'allégresse transparaît dans l'intransigeance même avec laquelle tu sépares la vérité factuelle des distorsions de la mémoire. C'est beaucoup plus que la simple absence d'apitoiement sur soi-même – la plupart des écrivains se montrant apparemment incapables ne serait-ce que de mentionner leur enfance sans éclater en sanglots –, il s'agit d'une réelle bravoure et d'une honnêteté d'où jaillit l'allégresse. (...)
J'avais l'intention de t'écrire immédiatement au reçu de ta lettre, puis je me suis enfoncée dans des réflexions jusqu'à ne plus savoir quoi t'écrire. Chère Mary, je

crains que tu n'aies approché de trop près la variété anglaise de la « génération perdue » – qui n'est pas seulement un cliché mais une réalité. On y trouve toujours les meilleurs et les pires, mais de telle façon que chacun d'entre eux appartient aux deux en même temps. Le mensonge étant une *pseudologia phantastica*, avec l'accent mis sur le fantastique, mentir sur ses origines et jouer l'aristocrate en Angleterre me paraît au moins autant une satire des Anglais et une moquerie de leurs normes de vie qu'une tentative de se faire passer pour ce qu'on n'est pas. En un sens, tous ces gens sont apparus en disant (pour copier Brecht) : « Je vous présente quelqu'un sur qui nous ne pouvez pas compter. » Leur charme vient de ce que malgré tous leurs mensonges ils sont d'une certaine façon plus fiables que tous les philistins qui ne mentent pas. Je pense que ce charme tient aussi à ce que leurs mensonges ne concernent généralement que les faits – qui se manifesteront et révéleront leur qualité de menteurs, quoi qu'ils fassent. (Alors que si quelqu'un ment sur ses « sentiments », il est vraiment en sécurité ; qui peut le découvrir ?) Il a là une sorte de suprême défi, et c'est ce défi, entre autres, qui nous séduit. (...)
Tendresse,
Hannah

[New York]
25 juillet 1960
« Très chère Mary –
(...) L'article sur la culture : je partage ta critique surtout en ce qui concerne la production de masse d'œuvres d'art. « La multiplication détruit » si la chose n'a pas besoin de répétition pour continuer d'exister. Mais la répétition incessante d'une œuvre musicale la détruit aussi. La rareté est donc indispensable, jusqu'à un certain point. Je crois cependant que le vrai problème que pose cet article est plus simple et plus fondamental. Culture et art sont à l'évidence deux choses différentes – ce que je veux bien reconnaître. Mes concepts ne sont pas nets. Depuis lors, j'ai fini l'article, réécrit la partie que tu connais et en ai ajouté une autre (plus longue) sur la culture (l'approche ou le mode d'interférence de l'art avec les choses de la vie) et le goût. Je l'aime beaucoup mieux ainsi. Et suis très curieuse de ton opinion. Le goût non seulement tranche la question de ce que nous aimons ou de ce à quoi va ressembler le monde, mais des gens qui en ce monde peuvent s'entendre. (...) Nous nous reconnaissons les uns les autres par ce qui nous plaît et ce qui nous déplaît. (...)
Plein plein de choses,
H.

« VOUS M'AIMEZ, MA CHÈRE ENFANT… »

Garçons et filles quittent le foyer familial pour faire des études à l'étranger, fonder une famille, voire (dans le cas de Marie-Antoinette) devenir reine, ou encore plus simplement tenter leur chance. Les parents, en particulier les mères, leur écrivent des lettres, tandis que les enfants s'efforcent avec plus ou moins de succès de s'acquitter de leurs dettes épistolaires. Ce genre de missives peut prendre des orientations diverses : ce sont parfois des recommandations en matière de comportement, des cahiers des charges, des répertoires de consignes ou des leçons, autrement dit des lettres d'éducation, au sens littéral du terme. Mais elles peuvent tout aussi bien n'être que la tentative de poursuivre avec l'enfant absent une conversation interrompue sur les choses de la vie ; dans ce cas-là, elles n'ont plus pour fonction essentielle l'exercice de l'autorité, toujours problématique à distance, elles sont avant tout un moyen de consolation, pour soulager la douleur de la séparation. Et plus d'une fois, les lettres que les mères écrivent à leurs enfants ont les deux fonctions.

De ces deux catégories de lettres, nous avons d'illustres exemples. Pour la lettre d'éducation, le *De officis* (*Des devoirs*) de Cicéron est sans doute de tous ses ouvrages celui qui a exercé son influence à plus long terme, sur les pères de l'Église et les érudits de la Renaissance, et après eux jusqu'à l'ère des Lumières : Voltaire l'a fait découvrir à Frédéric le Grand. Ce dernier ouvrage de Cicéron ne se présente certes pas sous forme épistolaire, mais l'auteur a fait précéder les trois livres d'une introduction en manière d'adresse, au style direct, à son fils Marcus qui faisait ses études à Athènes. Cet art de l'apostrophe, qui revêt vite la forme d'une exhortation, remplace en l'occurrence celle, plus habituelle chez Cicéron, du dialogue philosophique, censé conduire à la connaissance souhaitée par une technique particulière de questionnement. Les lettres, peut-on dire d'une façon très générale, ont par nature un caractère de dialogue. Du fait de ce que les théoriciens de la communication appellent le « décalage des phases caractéristique du rapport épistolaire » – le temps s'écoulant entre envoi, réception et réponse –, même les lettres dont le destinataire est des plus proches tendent au monologue. La romancière allemande Luise Rinser a trouvé, pour dénommer ce trait spécifique élémentaire et apparemment paradoxal de la lettre, une formule pertinente : « un monologue qui se voudrait dialogue ». Mais cette aspiration a ses limites : couché sur

LETTRES D'AMOUR MATERNEL ET FILIAL

le papier, le dialogue recherché se fige en appel. On peut en tout cas imaginer que les recommandations parentales exprimées par lettre suscitent chez leurs destinataires des réactions tout autres que l'attitude escomptée, réactions dont la gamme peut aller du bâillement à la rébellion et au rejet.

Si la fonction pédagogique des lettres des parents est si mal remplie, sont-elles au moins susceptibles de maintenir ces liens familiaux si volontiers invoqués ? La réponse est « oui », à la condition toutefois qu'existe une certaine empathie. La faculté de se mettre à la place de l'autre n'étant qu'une des fonctions – la première – de l'empathie. La seconde, tout aussi importante, consiste à réagir de façon adéquate aux sentiments et aux pensées que l'on découvre chez le partenaire – ce qui n'est possible que si l'autre nous est véritablement cher. De cette deuxième forme, empathique, de la lettre maternelle, nous avons aussi un illustre modèle, évoqué dans notre premier chapitre : les lettres de madame de Sévigné à sa fille. Cette dernière avait épousé le comte de Grignan, nommé gouverneur adjoint de Provence. La mère restée à Paris souffrit beaucoup de la séparation et entama une correspondance régulière avec sa fille : « Je reçois vos lettres, ma bonne, comme vous avez reçu ma bague. Je fonds en larmes en les lisant ; il me semble que mon cœur veuille se fendre par la moitié. (...) Vous m'aimez, ma chère enfant, et vous me le dites d'une manière que je ne puis soutenir sans des pleurs en abondance. » Entre les deux femmes, c'est presque un concours, à qui pense davantage et avec plus d'intensité à l'autre, qui prête à son empathie la forme la plus tangible : « Hélas ! ma bonne, vous ne vous trompez pas, quand vous pensez que je suis occupée de vous encore plus que vous ne l'êtes de moi, quoique vous me le paraissiez beaucoup. Si vous me voyiez, vous me verriez chercher ceux qui m'en veulent parler. »

Comme le montrent les lettres maternelles citées ici, cette faculté d'empathie est plus ou moins développée, même chez les femmes. Les mesures éducatives, les prescriptions les plus rigoureuses et les recommandations de tous ordres peuvent encore se justifier par l'amour que l'on porte aux enfants, par le bien qu'on leur veut. Mais était-ce, est-ce toujours leur bien ? Au lieu d'une ingérence qui confond l'empathie avec la tutelle, n'est-ce pas la distance qui serait conseillée en pareil cas ? C'est encore un thème central du grand livre de l'amour maternel.

MARIE-THERESE A MARIE-ANTOINETTE

«Déchirez mes lettres»

M arie-Thérèse d'Autriche mit au monde seize enfants, cinq fils et onze filles. À son premier accouchement, en 1737, elle avait vingt ans, et au dernier trente-neuf ans, ce qui veut dire en moyenne une naissance tous les quatorze mois. Lorsque Maria Antonia – ou Marie-Antoinette, comme elle se nommerait plus tard –, la quinzième enfant, vit le jour le 2 novembre 1755, au lendemain du terrible tremblement de terre de Lisbonne, tous les fils et sept des dix filles étaient en vie. À la suite, entre autres, de l'épidémie de petite vérole de 1767 qui faillit emporter Marie-Thérèse elle-même, ce bilan allait toutefois s'assombrir. Même celles qui, comme Maria Elisabeth, cinquième fille de Marie-Thérèse, survécurent à la maladie ne pouvaient plus se présenter sur le marché des mariages royaux. La petite vérole avait ruiné la beauté jusqu'alors célèbre de Maria Elisabeth, et le projet de la marier au roi de France, Louis XV, devenu veuf, dut être abandonné. L'impératrice Marie-Thérèse ne renonça pas pour autant à son plan de consolider par un mariage au plus haut niveau l'alliance qui venait juste d'être conclue avec cet ancien ennemi héréditaire qu'était le royaume de France, et de sceller ainsi la paix entre les deux pays. Le dauphin Louis Ferdinand, fils de Louis XV, décédé en 1765, son fils Louis Auguste, petit-fils de Louis XV, pouvait directement prétendre à lui succéder sur le trône.

Au lieu d'une union avec Marie-Antoinette, d'un an et demi plus jeune, un mariage avec sa sœur aînée Maria Karolina aurait pu être envisagé. Mais Maria Karolina était déjà prévue ailleurs – en «épouse de remplacement» pour une union avec le roi Ferdinand Iᵉʳ de Naples-Sicile – car les deux filles aînées initialement pressenties pour cette alliance, Johanna Gabriela et Maria Josepha, avaient été victimes de la petite vérole. Peut-être bien que l'histoire de la France et de l'Europe aurait pris un tour, à certains égards, différent si, au lieu de la frivole Marie-Antoinette, sujette à des angoisses d'échec, avait accédé au trône de France la très énergique Maria Karolina, douée d'une vraie autorité politique.

Une chose est sûre : lorsque Marie-Antoinette, alors âgée de quatorze ans, prit congé de sa mère et de ses frères et sœurs, le 21 avril 1770, pour entreprendre avec un convoi nuptial de cinquante-sept équipages le long voyage vers la France, elle était tout sauf bien préparée à ses charges futures. À l'instar de ses sœurs, elle avait bénéficié d'une éducation qui lui permettait surtout de faire bonne figure en société et dans les cérémonies de la cour, même si l'emploi du temps, outre les heures de danse, les représentations de théâtre et la peinture, les travaux manuels et la conversation, comportait aussi des leçons d'histoire, de science politique, un peu de mathématiques, l'apprentissage des langues étrangères et de l'orthographe.

Chez la future reine de France, il fallait souligner surtout son talent pour la danse et son amour de la

En dépit de tous ses bons conseils, l'impératrice MARIE-THÉRÈSE D'AUTRICHE
ne put protéger son avant-dernier enfant, MARIE-ANTOINETTE, du sort qui lui fut réservé.

musique, qui contribuaient tous deux à la grâce de son rayonnement. En revanche, pour la lecture, l'écriture et même les langues étrangères, les aptitudes et connaissances de Marie-Antoinette méritaient plutôt d'être qualifiées d'insuffisantes. De la parfaite maîtrise du français, de l'agilité mentale et de l'esprit mordant de la princesse Palatine, des mondes la séparaient sans doute. On était frappé en outre par son incapacité à se concentrer ; un observateur contemporain disait qu'elle sautait de-ci de-là dans la conversation comme une sauterelle.

Il n'y a donc rien d'étonnant à ce que les instructions que Marie-Thérèse donnait à toutes ses filles en partance pour l'étranger aient été en l'occurrence particulièrement détaillées et insistantes. La règle de savoir-vivre qu'elle lui remit le matin de son départ prévoyait comme premier commandement de relire ce texte tous les mois – il faut croire que la mère tenait compte de l'absence de mémoire et de l'inattention de sa fille. Son deuxième souci semble avoir été la tendance de Marie-Antoinette à se comporter de manière démonstrative et irréfléchie ; ainsi lui inculque-t-elle de s'entraîner à la discrétion et à l'observation de soi-même.

« **Règle de savoir vivre – à relire tous les mois**
Le 21 avril, jour du départ. Au réveil, dès votre lever, vous vous mettrez à genoux pour dire votre prière du matin et lire quelque texte religieux, ne serait-ce qu'un quart d'heure, avant même de vous être préoccupée de quoi que ce soit d'autre ou d'avoir parlé à personne. Tout dépend du bon début de la journée et de la disposition dans laquelle on l'entame, ce qui peut rendre profitables et méritoires même des actions indifférentes. C'est un point sur lequel vous devrez être très rigoureuse, il ne dépend que de vous de le respecter et il peut être déterminant pour votre bonheur en ce bas monde comme dans l'au-delà. Cela vaut aussi pour les prières du soir et l'examen de conscience ; mais, je le répète encore une fois, les prières du matin et la brève lecture religieuse sont les plus importantes. Vous me ferez toujours savoir quel livre vous avez sous la main.
Dans la journée, vous vous adonnerez le plus souvent possible à des pensées pieuses, mais surtout au cours de la sainte messe. J'espère que vous y assisterez tous les jours avec piété, et même deux fois les dimanches et jours de fête, pour autant que ce soit d'usage à votre

C'est à l'âge de quatorze ans que Marie-Antoinette fut mariée AU FUTUR ROI LOUIS XVI. Les noces furent célébrées en grande pompe à Versailles.

lesquels il en est toutefois qui, sous cette respectable apparence, sont nuisibles à la religion et aux bonnes mœurs. Je vous adjure donc, ma fille, de ne lire sans la permission de votre confesseur aucun livre ni brochure. J'exige de vous, ma très chère fille, ce signe le plus véritable de votre amour et de votre obéissance aux conseils d'une bonne mère, qui n'a en vue que votre salut et votre bonheur.

N'oubliez jamais l'anniversaire de la mort de votre cher père défunt ni le mien en son temps : jusqu'alors vous pouvez prier pour moi le jour de mon anniversaire...

« Règle particulière de conduite
N'acceptez de vous charger d'aucune recommandation. N'écoutez personne si vous voulez vivre en paix. Ne vous montrez pas curieuse ; c'est un point que je redoute particulièrement chez vous. Évitez toute forme de familiarité avec les petites gens. Interrogez en tous les cas monsieur et madame de Noailles, et demandez de même expressément, ce que vous devez faire, parce que vous êtes étrangère et que vous voulez à tout prix plaire à la nation ; réclamez qu'ils vous disent sincèrement s'il y a quelque chose à corriger dans votre mode de vie, vos discours ou sur d'autres points. Répondez aimablement à tout le monde, avec grâce et dignité : si vous le voulez, vous en êtes capable.

Il faut savoir aussi refuser.

Vous pouvez aussi m'écrire par la poste, mais uniquement sur les choses insignifiantes que tout un chacun peut savoir. Je ne crois pas que vous deviez écrire à votre famille, mis à part les occasions particulières et l'empereur, avec qui vous devrez vous accorder sur ce point...

Déchirez mes lettres, ce qui me permettra de vous écrire plus librement ; j'en userai de même avec les vôtres.

Ne mentionnez rien de nos affaires domestiques ici, elles ne sont qu'ennuyeuses et de peu d'intérêt. De votre famille, vous parlerez avec véracité et réserve : bien que je ne sois pas toujours tout à fait contente de vous, vous vous apercevrez sans doute que ce peut être encore pire ailleurs, que ce n'est pas seulement chez nous qu'il y a des enfantillages, des petites chicanes et des vétilles, mais qu'ailleurs cela se remarque encore davantage...

cour. Autant je souhaite que vous vous consacriez à la prière et à de bonnes lectures, autant je ne voudrais pas que vous essayiez d'innover ou de faire autre chose que ce qui est la coutume en France ; vous ne devez ni prétendre à rien de particulier, ni introduire ce qui est d'usage ici, pas plus que réclamer qu'on l'imite ; vous devez tout au contraire vous adapter à ce que la cour est accoutumée de faire...

En France, on est toujours très religieux dans les églises et même dans la vie publique, il n'y a pas pour prier de chaises comme chez nous, qui sont trop confortables, se prêtent à des postures négligées et facilitent les conversations, ce qui en France ferait scandale. Restez à genoux aussi longtemps que vous le pouvez ; ce sera la bonne posture pour servir d'exemple...

Ne lisez pas un livre, même indifférent, sans en avoir obtenu préalablement la permission de votre confesseur : c'est une condition d'autant plus importante en France qu'on y vend constamment des livres pleins de divertissement et de science, parmi

MARIE-THÉRÈSE avait très peur que sa fille, à la cour de France qui lui était totalement inconnue, se comportât mal ou se fît remarquer.

Au début de chaque mois, les courriers impériaux partaient de Vienne pour se rendre d'abord à Bruxelles, alors capitale des Pays-Bas autrichiens, et arriver dix jours plus tard à Paris, avec toujours dans leurs bagages une lettre de Marie-Thérèse pour sa fille, à qui Mercy la remettait en main propre. L'impératrice dictait ces missives à son secrétaire, mais ajoutait pour finir des annotations en marge que le secrétaire ne voyait pas. Par les rapports de Mercy, elle était toujours au courant de tout ; cette inquiétante omniscience de sa mère, qui critiquait presque toujours tout chez sa fille et l'écrasait sous les remontrances et les recommandations, n'était sans doute pas faite pour renforcer la confiance en soi de la fille, et provoquait plutôt son indocilité et son dépit.

Schönbrunn, le 1er novembre 1770

« Ma chère madame ma fille !
Cet éternel courrier est enfin arrivé hier
à 9 heures du soir et m'a apporté de vos chères nouvelles.
(...) Si vous ne m'aviez pas assurée que vous portez
maintenant un corset, j'en aurais été inquiète, de peur
que, comme on dit en allemand, « vous vous laissiez aller,
ayant déjà la taille d'une femme sans l'être ». Je vous en
prie, ne vous négligez pas, à votre âge cela ne se fait pas,

et encore moins dans la position qui est la vôtre,
cela entraîne l'insalubrité, la négligence et même
l'indifférence dans toutes les autres matières,
et cela vous ferait du tort (...).

Comme les courriers autrichiens voulaient être de retour à Vienne à la fin du mois et qu'ils devaient repartir pour Paris peu après leur arrivée, Marie-Antoinette avait à chaque fois très peu de temps pour rédiger la réponse que sa mère attendait d'elle. La plus grande entrave, outre le peu d'envie d'écrire, était le fait qu'à la cour de France, elle n'avait guère l'occasion de faire quoi que ce fût sans être observée, parce que tout, même les choses les plus intimes, se faisaient en public. Les nombreuses taches d'encre sur les lettres de la fille s'expliquent non seulement par son inattention, mais aussi par la précipitation dans laquelle elle devait s'acquitter de la rédaction de cette correspondance secrète, qu'elle n'aimait pas.

Soutien du mouvement révolutionnaire, MADAME ROLAND en fut aussi la victime.

MADAME ROLAND EN PRISON A SA FILLE

«Souviens-toi de ta mère»

En 1780, à l'âge de vingt-cinq ans, Manon Jeanne Philipon avait épousé Jean-Marie Roland de la Platrière, futur ministre de l'Intérieur, de plus de vingt ans son aîné. Madame Roland était une intellectuelle, adepte passionnée de Rousseau, très familière en outre des écrivains de l'Antiquité. Son salon avait été l'un des points de rencontre centraux des Girondins, représentants de la grande bourgeoisie provinciale, finalement balayés par une révolution à laquelle ils avaient contribué de façon déterminante. Les *Mémoires* que madame Roland écrivit durant les cinq mois de son incarcération à la Conciergerie, sachant pertinemment qu'elle serait exécutée, sont célèbres et méritent d'être lus encore aujourd'hui.

Même en prison, madame Roland, adversaire résolue de la monarchie, s'était refusée à toute comparaison avec Marie-Antoinette et, dans une lettre à Robespierre qu'elle n'envoya toutefois pas, elle décrivait la reine comme une femme vaniteuse et étourdie, qui abhorrait le principe révolutionnaire d'égalité. Néanmoins, non seulement la postérité, mais déjà les contemporains commencèrent à évoquer ensemble ces deux femmes, si différentes l'une de l'autre, surtout, dès lors qu'il s'agissait de légitimer la terreur révolutionnaire et de cantonner en même temps les femmes dans leurs limites. Ainsi le *Moniteur*, organe de la Révolution, publiait-il, quelques jours après son exécution, un article disant qu'elle était certes mère, mais qu'elle avait sacrifié la nature pour se placer au-dessus d'elle et que le désir d'érudition lui avait fait oublier les vertus de son sexe, oubli toujours dangereux, qui l'avait finalement menée à l'échafaud. Le message était on ne peut plus clair : les femmes qui prétendaient dépasser leur vocation naturelle, mettre au monde et élever des enfants, et qui parvenaient à la culture et à des positions importantes dans la vie publique devaient être décapitées. Dans ce message, il y a une menace sous-jacente : citoyennes qui ne vous estimez pas satisfaites de vos possibilités d'existence restreintes, voyez l'exemple dissuasif de Marie-Antoinette, Olympe de Gouges et madame Roland ; voyez ce qui arrive à celle qui prétend à davantage que ce que la nature lui a donné, et c'est bien fait pour elle.

Ce n'était pas là la prise de position isolée d'un journal, c'était l'« opinion générale » de ceux qui menaient la Révolution. Lorsque la comédienne Rose Lacombe, fondatrice de la Société des femmes républicaines révolutionnaires, accompagnée d'une délégation de femmes, tenta de forcer l'entrée des services de la Commune de Paris, son procureur-syndic Pierre Gaspard Chaumette, à qui l'on devait l'instauration du tribunal révolutionnaire, prit la parole en demandant depuis quand les femmes reniaient leur sexe pour imiter les hommes. Il ajoutait que la nature avait dit à la femme

d'être femme, que sa mission était de s'occuper des enfants, de gérer le ménage et d'assumer les multiples soucis de la maternité.

L'idée que les multiples soucis de la maternité et une vie professionnelle ou citoyenne engagée sont loin de s'exclure n'est pas répandue depuis très longtemps dans la société.

Toutefois, ce ne furent pas uniquement des détracteurs des femmes qui crurent en leur temps déceler une parenté cachée entre les femmes condamnées à la guillotine. Ainsi, la jeune Germaine de Staël, au mois d'août 1793, lorsqu'elle lance un fervent appel pour la défense de Marie-Antoinette, déclare que les accusations portées contre la reine déchue ne sont dirigées contre elle qu'en tant que femme et mère (de surcroît étrangère). Son texte est un manifeste de solidarité contre la violence et la pensée systématique : « Oh !

vous, femmes de tous les pays, de toutes les classes de la société, écoutez-moi avec l'émotion que j'éprouve ; la destinée de Marie-Antoinette contient tout ce qui peut toucher votre cœur... » Si les femmes sont sensibles, si elles sont mères, elles sauront que Marie-Antoinette a aimé de toute son âme. Qui, en lisant cette lettre écrite à sa belle-sœur madame Élisabeth, pourrait nier l'amour que Marie-Antoinette portait à ses enfants ?

17 octobre 1793

« Puisse ma fille, qui est l'aînée, sentir qu'elle doit toujours assister son frère des conseils qu'une plus grande expérience et son amitié lui inspireront. Que mon fils en revanche rende à sa sœur tous les soins et services qui découlent de l'amitié. Qu'enfin ils se rendent compte tous deux que, dans toutes les circonstances de leur vie, seul leur accord leur

Portrait de MANON JEANNE ROLAND
par Adélaïde Labille-Guiard (1787).

permettra d'être heureux. Qu'ils nous prennent pour exemple ! Quelle consolation notre amitié ne nous a-t-elle pas apportée au milieu de nos souffrances ! Et l'on profite doublement du bonheur quand on peut le partager avec un ami. Mais où peut-on trouver d'ami plus tendre, plus intime, que dans sa propre famille ? Que mon fils n'oublie jamais les derniers mots de son père que je lui répète sciemment : qu'il ne cherche jamais à venger notre mort ! Je l'aime...

Dans le texte de madame de Staël, et quelques autres de la Révolution, il semble que l'amour maternel trouve pour la première fois une voix qui lui soit propre. Michelet est même allé jusqu'à dire qu'on pouvait y voir l'origine et la fin de la Révolution française.

Ce n'est pas non plus un hasard qu'au terme de l'itinéraire de madame Roland se trouve une lettre à sa fille, qui est un grand témoignage de cet amour maternel : aussi bien dans la manière de se préoccuper du bien-être de l'enfant bien-aimée que dans le désir que lui soit conservé le souvenir de sa mère. C'est une lettre d'adieu d'une mère à son enfant, comme on ne peut guère en imaginer de plus affectueuse : elle laisse à cette enfant toute liberté de mener la vie qui correspondra à ses désirs et à ses possibilités, et formule pour seule exigence qu'elle conserve le souvenir de celle qui l'a mise au monde, nourrie et chérie.

Sainte-Pélagie, le 8 octobre 1793
« À ma fille,
   Je ne sais, ma petite amie, s'il me sera donné de te voir ou de t'écrire encore. Souviens-toi de ta mère. Ce peu de mots renferment tout ce que je puis te dire de meilleur. Tu m'as vue heureuse par le soin de remplir mes devoirs et d'être utile à ceux qui souffrent. Il n'y a que cette manière de l'être. Tu m'as vue paisible dans l'infortune et la captivité, parce que je n'avais pas de remords et que j'avais le souvenir et la joie que laissent après elles de bonnes actions. Il n'y a que ces moyens non plus de supporter les maux de la vie et les vicissitudes du sort.

Peut-être, et je l'espère, tu n'es pas réservée à des épreuves semblables aux miennes ; mais il en est d'autres dont tu n'auras pas moins à te défendre. Une vie sévère et occupée est le premier préservatif de tous les périls, et la nécessité, autant que la sagesse, t'impose la loi de travailler sérieusement.

Sois digne de tes parents : ils te laissent de grands exemples ; et si tu sais en profiter, tu n'auras pas une inutile existence. Adieu, enfant chéri, toi que j'ai nourrie de mon lait et que je voudrais pénétrer de tous mes sentiments. Un temps viendra où tu pourras juger de tout l'effort que je me fais en cet instant pour ne pas m'attendrir à ta douce image.

Je te presse sur mon sein
Adieu, mon Eudora

GERMAINE DE STAEL A SA MERE

« Je ne veux pas vous dire, maman, à quel point ma tendresse pour vous ajoute à la force de mon cœur »

Germaine Necker est la fille d'un banquier genevois qui fut ministre des Finances de Louis XVI et de la Vaudoise Suzanne Curchod. Sa mère lui fit suivre un programme d'études extrêmement riche et lui réserva, dès l'âge de douze ans, un tabouret dans son salon fréquenté par toutes les grandes figures littéraires et politiques de l'époque, notamment Buffon, Marmontel, Grimm...

Germaine épousa en 1786 le baron Erik Magnus de Staël-Holstein, ambassadeur de Suède auprès de la cour de France, et emménagea dans l'actuel 94 rue du Bac où elle tint un salon réputé.

Ce samedi soir [début 1778 ?]
« **Ma chère maman,**
J'ai besoin de vous écrire. Mon cœur est resserré, je suis triste, et dans cette vaste maison qui renfermait il y a si peu de temps tout ce qui m'était cher, où se bornaient mon univers et mon avenir, je ne vois plus qu'un désert. Je me suis aperçue pour la première fois que cet espace était trop grand pour moi, et j'ai couru dans ma petite chambre pour que ma vue pût contenir

GERMAINE DE STAËL,
dessin de Jean-Baptiste Isabey (1810).

au moins le vide qui m'environnait. Cette absence momentanée m'a fait trembler sur ma destinée. Vous trouvez en vous-même, ma chère maman, des

SUZANNE CURCHOD, mère de Germaine de Staël, tint à Paris un salon littéraire et politique réputé.
COPPET (à droite) était le château des parents de Germaine de Staël sur les bords du lac de Genève.

consolations sans nombre, mais je ne trouve en moi que vous. Voilà ma raison, mon courage, et je sens que vos leçons m'ont appris à vous regarder comme la vertu même que vous m'enseigniez. Heureux cent fois si on ne devait suivre que les exemples de ceux qu'on aime ; mais aurait-on chéri la vertu si vous aviez été vicieuse ? Je maudis ce bal et tous mes goûts frivoles. Je me suis bien trompée lorsque j'ai cru que je m'y amuserais. Avais-je donc pensé que loin de vous j'aurais les mêmes yeux ?

Je suis avec respect, ma chère maman, la plus tendre des filles,
Necker

Paris, le 19 janvier 1786
[Le mariage de Germaine a été célébré le 14 janvier]
« Ma chère maman,
Je ne reviendrai pas ce soir chez vous. Voilà le dernier jour que je passe comme j'ai passé toute ma vie. Qu'il m'en coûte pour subir un tel arrangement ! Je ne sais s'il y aura une autre manière d'exister ; je n'en ai jamais éprouvé d'autres, et l'inconnu ajoute à ma peine. Ah ! je le sais, peut-être j'ai eu des torts envers vous, maman. Dans ce moment, comme à celui de la mort,

toutes mes actions se présentent à moi, et je crains de ne pas laisser à votre âme le regret dont j'ai besoin. Mais daignez croire que les fantômes de l'imagination ont souvent fasciné mes yeux, que souvent aussi ils se sont placés entre vous et moi et m'ont rendue méconnaissable. Mais je sens en ce moment, à la profondeur de ma tendresse, qu'elle a toujours été la même. Elle fait partie de ma vie et je me sens toute entière ébranlée, bouleversée, au moment où je vous quitte. Je reviendrai demain matin, mais cette nuit je dormirai sous un toit nouveau. Je n'aurai pas dans ma maison l'ange qui la garantissait de la foudre ou de l'incendie. Je n'aurai pas celle qui me protégerait si j'étais au moment de mourir et me couvrirait devant Dieu des rayons de sa belle âme. Je ne saurai pas à chaque instant des nouvelles de votre santé. Je prévois des regrets de toutes les minutes. Je ne veux pas vous dire, maman, à quel point la tendresse pour vous ajoute à la force de mon cœur. (...)

Je ne finirais pas ; j'ai un sentiment qui me ferait écrire toute ma vie. Agréez, maman, ma chère maman, mon profond respect et ma tendresse sans bornes. (...)

JOHANNA SCHOPENHAUER, mère du philosophe Arthur Schopenhauer.

JOHANNA SCHOPENHAUER A SON FILS ARTHUR

«Nous deux, nous faisons DEUX»

La correspondance de la famille Schopenhauer – père, mère, fils et fille – offre un remarquable document à la fois biographique, psychologique et d'histoire culturelle. Nous ont été conservées deux 114 lettres ou fragments de lettres des années 1799 à 1809, dont la plupart sont de la plume des deux dames : 96 de la mère, Johanna, et 89 de la fille, Adele, tandis que 18 seulement sont de la main du fils, Arthur, et 11 à peine du père Heinrich Floris Schopenhauer. Cela est vite expliqué : en 1805, alors qu'Arthur a dix-sept ans et sa sœur Adele sept ans, une chute du grenier de sa maison de commerce dans le canal met fin à la vie de Heinrich Floris Schopenhauer, l'ancien marchand de Dantzig, établi depuis à Hambourg.

Le père aimait beaucoup le mode de vie anglais, mais il était d'un psychisme instable et accablé de soucis financiers ; il est vraisemblable que l'accident ait été un suicide. La réduction à 18 lettres à peine de la correspondance initialement très volumineuse du fils et futur philosophe Arthur Schopenhauer, de même que l'état en partie fragmentaire de ces lettres, sont à mettre au compte de la sœur. Il y eut d'âpres querelles au sujet de l'héritage paternel, qui s'aggravèrent encore lorsque fit faillite la banque de Dantzig auprès de laquelle la mère et la sœur avaient déposé tout leur

Les rapports difficiles d'ARTHUR SCHOPENHAUER avec sa mère marquèrent toutes ses relations avec les femmes.

capital, tandis que le fils ne lui en avait confié qu'une partie. Mais le sentiment d'Adele d'avoir été condamnée à une vie malheureuse, dont elle rendait son frère largement responsable, pesa sans doute encore plus. À la mort de son mari, sa veuve Johanna Schopenhauer,

WEIMAR, VILLA ROMAINE DANS LE PARC AU BORD DE L'ILM (1791-1797), construite d'après un projet de Goethe
pour le duc Charles-Auguste. Gravure coloriée d'après dessin, 1799, par Georg Melchior Kraus.

qui avait vingt ans de moins que lui, quitta immédiatement Hambourg avec Adele pour s'installer à Weimar. Elle écrit rétrospectivement avoir « choisi entre deux voies (...) apparemment la plus étrange, dans la mesure où, au lieu de me retirer dans ma ville natale chez des parents ou amis, comme l'aurait fait presque n'importe quelle femme à ma place, j'optai pour Weimar qui m'était totalement inconnue ». Arthur demeura au contraire, sans encadrement familial, à Hambourg où il était juste de retour. Car au lieu de l'envoyer au lycée, comme l'aurait souhaité cet enfant doué, le père avait financé à son fils de quinze ans un long voyage d'apprentissage et de divertissement à travers la moitié de l'Europe, en lui arrachant la promesse d'entreprendre au retour une formation commerciale, que le fils entreprit effectivement, en un premier temps, après la mort de son père.

Pendant ce temps la mère, qui déjà à Hambourg avait une vie sociale active, connut un grand succès dans l'« Athènes allemande », comme elle surnommait la petite ville aristocratique de Weimar. À la suite des guerres napoléoniennes, on y vivait plus proches les uns des autres, et les réunions détendues qui se tinrent bientôt tous les jeudis et les dimanches chez Johanna à l'heure du thé devinrent vite, ainsi qu'elle l'affirmait fièrement elle-même, l'une des rencontres préférées des têtes les plus illustres. Aux étroits liens familiaux d'autrefois, dont se détacha l'écrivaine débutante, se substituèrent d'autres relations, sociales et amicales. Un homme suscita à nouveau chez la veuve les sentiments d'une fille pour un père et força son admiration au point d'influer beaucoup sur cette évolution : le conseiller Goethe, alors âgé de cinquante-sept ans (et non cinquante, comme l'écrit Johanna), qui venait de légaliser sa liaison avec Christiane Vulpius, et cherchait un cercle assez libre de tous préjugés pour que Christiane y fût acceptée et que lui-même, dans la mesure où il serait présent, fût au centre de tout. Dans une lettre à son « cher ami Arthur », son fils laissé dans la lointaine ville de Hambourg, Johanna trace un portrait de l'astre le plus brillant au ciel de Weimar :

Weimar, le 28 novembre 1806

« Ta lettre, cher ami Arthur, est arrivée quelques jours plus tard qu'à l'ordinaire, cela ne vient pas de toi, mais des conditions de son envoi. La nouvelle de la prise de Hambourg m'a surprise, même si nous nous attendions depuis longtemps ici à quelque chose de ce genre. J'espère qu'elle n'aura pas d'effet durable sur le destin de la ville, et qu'au contraire l'orage se laissera désamorcer par des paratonnerres en or.
Je mène toujours ici une existence très domestique et très gaie, Goethe était chez moi dimanche et hier soir. Le cercle qui se réunit autour de moi les dimanches et jeudis n'a pas son pareil dans toute l'Allemagne ni ailleurs.
Si seulement je pouvais t'attirer un jour ici ! Goethe se sent bien chez moi et vient assez souvent. J'ai disposé dans un coin une table avec du matériel de dessin spécialement à son intention. (…) Quand l'envie l'en prend, il s'installe donc et dessine à l'encre de Chine de petits paysages imaginaires, à la légère, juste esquissés, mais vivants et vrais comme lui et comme tout ce qu'il fait.
Quel être que ce Goethe ! Comme il est grand et bon. Ne sachant jamais s'il vient, je sursaute toujours quand il entre dans le salon. C'est comme s'il était une créature de nature supérieure à toutes les autres, car je vois bien qu'il fait le même effet sur tous les autres, qui le connaissent pourtant depuis plus longtemps. (…) Lui-même est toujours un peu silencieux et d'une certaine façon embarrassé quand il arrive, jusqu'à ce qu'il ait bien observé le cercle, pour savoir qui est là. Il s'assied alors tout près de moi, un peu en retrait, de manière à pouvoir s'appuyer sur le dossier de ma chaise. J'entame tout d'abord une conversation avec lui, alors il devient vivant et indescriptiblement aimable. C'est l'être le plus parfait que je connaisse, y compris extérieurement. Une haute et belle silhouette qui se tient très droite, vêtue avec le plus grand soin, toujours en noir ou tout en bleu marine, les cheveux élégamment frisés et poudrés, comme il se doit à son âge, et un visage tout à fait imposant, avec de grands yeux clairs, marrons, à la fois doux et perçants. Il embellit incroyablement quand il se met à parler, et là je ne puis me lasser de le contempler. Il doit avoir environ cinquante ans. Qu'est-ce que cela a dû être autrefois !
Il participe aux conversations sur tous les sujets, raconte entre-temps de petites anecdotes, n'écrase personne de sa grandeur, il est aussi peu prétentieux qu'un enfant. Il est impossible de ne pas avoir confiance en lui quand il vous parle, et pourtant il en impose à tous sans le vouloir. La dernière fois qu'il est venu, je lui apportai sa tasse de thé, comme il est d'usage à Hambourg, afin qu'elle ne refroidisse pas, et il m'a baisé la main. Jamais de ma vie je ne m'étais sentie aussi honteuse, et tous ceux qui se trouvaient à proximité l'ont regardé avec une sorte d'étonnement. Il est vrai qu'il a une allure si royale que la plus banale politesse semble de sa part une condescendance, et lui-même ne semble pas le savoir, il va son chemin dans sa muette magnificence, comme le soleil. (…)
Adieu, cher Arthur, je pourrais encore te raconter beaucoup de choses, mais le temps me manque. Porte-toi bien, demeure de bonne humeur. Un jour tout ira bien pour toi aussi, seulement il faut semer pour récolter, et attendre le temps voulu, comme j'ai fait moi-même. Tu sais combien mes plus belles années ont été différentes de ce que je vis aujourd'hui…
Ta mère, J. Schopenhauer

À Hambourg, Johanna Schopenhauer avait laissé derrière elle, avec l'univers de son mari, celui de son fils, dont elle considérait la tendance à la méditation mélancolique comme un triste héritage pour Arthur. Aussi fut-elle plus stupéfaite que réjouie lorsque celui-ci envisagea d'interrompre son apprentissage pour venir s'installer lui aussi à Weimar. Après lui avoir passé une semonce pour son manquement à ses devoirs, elle essaie tout d'abord de gagner du temps : « Je veux néanmoins faire que tout aille au mieux pour toi, je suis sûre que je vais trouver quelque chose qui te soit bénéfique, jusqu'à maintenant j'ai toujours su trouver, mais pour ne pas faire quelque chose de trop précipité, il faut que je prenne le temps. Donc il vaut mieux que tu restes quelques jours de plus dans ton purgatoire. » Certes,

Johanna Schopenhauer (1766-1838) fut l'une des premières femmes à pouvoir vivre de sa plume en Allemagne.
L'admiration de la mère n'allait pas à son fils, mais au conseiller Goethe, dont elle célébra dans ses lettres le TALENT DE DESSINATEUR.

elle laisse le libre choix à son fils, mais elle lui conseille toutefois, s'il veut voir la famille à nouveau rassemblée, de s'installer au moins à Altenburg, à huit lieues de chez elle, où les conditions seront nettement mieux adaptées à ses besoins. Nous avons là l'exemple assez rare d'une mère qui ne recherche pas la symbiose avec son fils, mais la distance. La raison en était très certainement la volonté de libération qui permit à cette femme entre-temps plus que quadragénaire de réunir les conditions qui feraient d'elle, dans les années suivantes, l'une des écrivaines les plus productives, les plus appréciées du public et surtout l'une des rares écrivaines professionnelles en Allemagne. À cela s'ajoutait une bonne dose de connaissance de la nature humaine. Elle savait bien qu'Arthur et elle s'entendaient au mieux dès lors qu'ils s'évitaient le plus souvent et limitaient le temps qu'ils passaient ensemble. Lorsqu'elle s'aperçut qu'il ne reviendrait pas sur sa décision de venir à Weimar, elle essaya de lui faire comprendre cela dans une lettre d'une admirable franchise :

Weimar, le 13 décembre 1807

« J'en viens à ta situation ici par rapport à moi, et il me semble qu'il vaut mieux que je te dise d'emblée et sans détours ce que je souhaite et ce que j'éprouve, afin que nous nous comprenions tout de suite. Que je t'aime beaucoup, tu n'en doutes pas, je te l'ai prouvé, pour aussi longtemps que je vivrai. Savoir que tu es heureux est nécessaire à mon bonheur, mais je n'ai pas besoin d'en être le témoin. Je t'ai toujours dit qu'il serait très difficile de vivre avec toi, et plus je t'observe de près, plus cette difficulté me semble s'accroître, au moins en ce qui me concerne. Je ne te le cache pas : tant que tu es comme tu es, je préférerais faire n'importe quel sacrifice plutôt que de me résoudre à cela. Je ne méconnais pas tes bons côtés, du reste ce qui me fait reculer ne tient pas à ta sensibilité, pas à ton intériorité, mais à ton être extérieur, à tes opinions, tes jugements, tes habitudes – bref, je ne puis tomber d'accord avec toi sur rien qui touche au monde extérieur. Ton caractère chagrin aussi m'oppresse et gâte ma bonne humeur, sans que cela t'aide en rien. Regarde, cher Arthur, tu n'as jamais été que pour quelques jours en visite chez moi, et chaque fois il y a eu des scènes violentes pour rien et moins que rien, et chaque fois je n'ai à nouveau pu respirer qu'une fois que tu as été parti, parce que j'étais oppressée par ta présence, tes lamentations sur des phénomènes

Johanna Schopenhauer AVEC SA FILLE ADELE, par Caroline Bardua, 1806.

se doit pour une vieille grand-mère. En attendant, efforçons-nous d'éviter que les mille petites chicanes n'aigrissent nos sensibilités et n'en chassent l'amour. Cela suppose que nous passions peu de temps ensemble ; car même si nous tombons bientôt d'accord sur toute matière importante, nous sommes d'autant plus en désaccord sur n'importe quelle autre. Écoute donc sur quel pied j'entends être avec toi. Dans ton logis tu es chez toi ; dans le mien tu es un hôte, comme je l'ai été une fois mariée quand je me rendais chez mes parents, en hôte bienvenu, bien-aimé, toujours accueilli aimablement, mais qui ne se mêle pas des affaires domestiques. De ces dernières, tu ne te soucies pas du tout – je ne supporte pas d'ingérence, parce que cela m'insupporte et ne sert à rien. (...) Les soirs où je reçois, tu peux dîner chez moi, si tu veux bien t'abstenir de ces pénibles chicanes qui me chagrinent aussi, et de toutes ces lamentations sur la stupidité du monde et la misère humaine, parce que cela me fait toujours passer une mauvaise nuit et faire de mauvais rêves et que je tiens à bien dormir. (...)

inévitables, tes mines sombres, tes jugements bizarres que tu prononces comme des oracles, sans qu'on ait le droit de rien objecter, et plus encore par la lutte perpétuelle que je menais intérieurement pour réprimer par force tout ce que j'aimerais répondre, afin de ne surtout pas risquer de nouvelles disputes. Je vis à présent très paisiblement, depuis des jours et des années je n'ai pas eu un seul moment désagréable qui n'ait été dû à toi. Je suis en paix avec moi-même, personne ne me contredit, je ne contredis personne, on n'entend chez moi pas un mot plus haut que l'autre, tout va son chemin tout uni, je suis le mien, nulle part on ne sait qui commande et qui obéit, chacun fait tranquillement ce qu'il a à faire, et la vie s'écoule, je ne sais comment. C'est véritablement mon existence et telle doit-elle demeurer, si la tranquillité et le bonheur des années qu'il me reste à vivre te sont chers. Quand tu prendras de l'âge, mon cher Arthur, et que tu verras certaines choses un peu plus clairement, nous nous accorderons mieux, et peut-être vivrai-je mes plus beaux jours dans ta maison, avec tes enfants, comme il

Selon le parti que prenait le biographe, cette exigence de distance exprimée par la mère lui a valu d'être taxée de superficialité et de froideur, à moins qu'au fils ne fussent reprochés, comme de la dureté et de la cruauté, son intransigeance acerbe et son besoin d'autonomie financière pour pouvoir mener à sa guise sa vie de philosophe. Or, aussi bien la mère que le fils avaient trouvé une formule faisant comprendre la complexité de leurs rapports, sans qu'il soit besoin de mettre en balance leurs volontés respectives de s'affirmer. « Nous deux, nous faisons DEUX », a écrit Arthur Schopenhauer, et sa mère Johanna a maintes fois réutilisé la formule.

MARTHA JANE CANNARY surnommée Calamity Jane, en 1895.

CALAMITY JANE À SA FILLE

Lettres héritées

I l y a bien une chose que le monde déteste, c'est une femme qui s'occupe elle-même de ses affaires, pensait Martha Jane Cannary, surnommée « Calamity Jane ». À quinze ans, aînée de cinq ou six frères et sœurs au total – les documents se contredisent sur ce point, et ce n'est du reste pas le seul –, elle se retrouve orpheline de père et de mère. La mère est morte au cours d'une marche depuis Princeton, Missouri, en passant par Virginia City, Montana, jusqu'à Salt Lake City, Utah. Cela représente environ 2 500 kilomètres, et cette famille de pionniers a cheminé pendant des mois. À peine arrivé au but tant désiré, le père, qui était un prédicateur, doit s'aliter et meurt à son tour.

Très vite, on voit apparaître dans différentes localités du Far West une jeune femme habillée en homme qui cherche des emplois temporaires. Elle est engagée pour poser des rails, conduit une diligence, devient serveuse dans un saloon puis chercheuse d'or, et sera ensuite éclaireuse dans l'armée. Il faut bien se rendre compte qu'en 1877, à Cheyenne, Wyoming, une jeune femme fut condamnée à une amende pour avoir porté des vêtements d'homme dans la rue.

Rien d'étonnant, par conséquent, à ce que Martha Jane Cannary, vivant comme un homme du Far West et sachant manier les armes à feu, soit vite devenue une légende vivante. On ne sait pas exactement si elle fut véritablement mariée avec le fameux hors-la-loi James Butler Hickok, dit « Wild Bill », et s'il fut le père de sa fille Jane qui vit le jour, semble-t-il, en 1873. Calamity Jane voyait en tout cas les choses ainsi, mais elle concède par ailleurs qu'étant donné sa biographie, elle a rarement fait la différence entre poésie et vérité. « Un homme du nom de Mulog, écrit-elle plus tard à sa fille, m'a interrogé sur l'histoire de ma vie, et j'aurais aimé que tu entendes les mensonges que je lui ai servis. »

Il est certain en revanche que Calamity Jane confia sa fille, à l'âge d'un an environ, à deux voyageurs venant de l'Est, Jim et Helen O'Neil, qui élevèrent la petite comme leur propre enfant. En 1876, Wild Bill fut abattu de dos au cours d'une partie de poker. La même année, Calamity Jane se fit une réputation d'ivrogne. Et cela ne changea certainement pas lorsqu'elle s'essaya en 1881 au métier d'aubergiste. Toutefois, très rapidement elle renonça de nouveau à la sédentarité ; elle n'était manifestement pas faite pour cela. Quelques années plus tard, elle épousa un Texan nommé Clinton Burke et s'établit avec lui à Boulder, où elle s'essaya encore une fois à tenir une auberge.

À cette date, le « Far West » était devenu une époque historique, dont les grands événements étaient commercialisés sous la forme de plus ou moins grands spectacles. Au fil de tournées, à l'intérieur du pays mais aussi à l'étranger, on faisait revivre les vieilles légendes – plus d'une fois avec la participation des anciens héros, lorsqu'ils n'étaient pas encore morts, ou avec celle d'ac-

L'espoir de trouver de l'or et de riches terres agricoles poussait les gens à émigrer vers l'Ouest. DREADWOOD, SOUTH DAKOTA, 1888.

teurs qui les imitaient. Calamity Jane participa à tout cela, comme cavalière et tireuse d'élite.

Mais elle mourut en 1903, à l'âge de cinquante et un ans, pauvre et isolée, dans une petite chambre d'hôtel. Elle laissait, parmi ses effets, un paquet de lettres à sa fille, écrites à des mois et parfois des années d'intervalle, et qui n'avaient jamais été envoyées. La mère essayait d'expliquer à l'enfant son mode de vie et sa personnalité. Mais des années allaient encore s'écouler avant que le père adoptif se résolve à remettre à la fille Jean Irene, « Janey », qui vivait alors en Angleterre, cet héritage lui révélant sa véritable origine.

La lettre reproduite ici est manifestement la première qu'ait écrite Calamity Jane :

25 septembre 77
Dreadwood, Territoire du Dakota
« **Ma chérie,**
Ce que j'écris ici n'est pas un journal, et il est même possible que tu ne le reçoives jamais, mais je me réjouis à l'idée que tu le lises peut-être un jour, page après page, quand je ne serai plus. J'aimerais t'entendre rire, à la vue de ces photos de moi.

Je suis seule dans ma cabane ce soir, et je suis fatiguée. Hier j'ai fait 60 miles à cheval avec la voiture de poste et je suis revenue ce soir. Aujourd'hui, c'est ton anniversaire, tu as quatre ans. Vois-tu, ton père Jim m'a promis d'envoyer une lettre tous les ans pour ton anniversaire. Et comme j'étais heureuse d'avoir de tes nouvelles ! Il m'a envoyé une minuscule photographie de toi – tu es le portrait de ta mère, exactement comme moi à ton âge. En contemplant cette petite image ce soir, il faut que je me retienne pour ne pas t'embrasser ; avec le souvenir, je sens monter les larmes et je prie Dieu de pouvoir un jour, d'une manière ou d'une autre, réparer le mal que j'ai fait à ton père et à toi. Ce matin, je suis allée sur la tombe de ton père à Igleside. Il est question de transférer sa dépouille au cimetière de Mount Moriah, à Dreadwood. Un an et quelques semaines sont passés depuis qu'ils l'ont tué, mais il me semble qu'il y a un siècle – sans l'un ni l'autre de vous, les années à venir me semblent un chemin solitaire. Demain, je descendrai à Yellowtown Valley, juste pour le plaisir de l'aventure et l'excitation.

Les O'Neil ont transformé ton nom en Jean Irene, mais moi, je t'appelle Janey, de Jane.

CALAMITY JANE, vers 1890.

SIDO, LA MÈRE DE COLETTE, À SON GENDRE

Le cactus rose

Il était une fois une femme qui, cherchant de l'argent dans un tiroir, tomba sur des lettres de sa défunte mère ; c'étaient des lettres destinées à la fille elle-même ou à sa famille, qu'à la mort de sa mère elle avait emportées chez elle, mais c'étaient aussi des exercices de style. Et comme la fille était écrivain, elle décida de modifier un peu le contenu de la lettre qui lui plaisait le plus, d'en polir un peu la forme et de la placer au début de son prochain livre, qui s'intitulerait *La Naissance du jour* :

« Monsieur,
Vous me demandez de venir passer une huitaine de jours chez vous, c'est-à-dire auprès de ma fille que j'adore. Vous qui vivez auprès d'elle, vous savez combien je la vois rarement, combien sa présence m'enchante, et je suis touchée que vous m'invitiez à venir la voir. Pourtant, je n'accepterai pas votre aimable invitation, du moins pas maintenant. Voici pourquoi : mon cactus rose va probablement fleurir. C'est une plante très rare, que l'on m'a donnée, et qui, m'a-t-on dit, ne fleurit sous nos climats que tous les quatre ans. Or je suis déjà une très vieille femme, et, si je m'absentais pendant que mon cactus rose va fleurir, je suis certaine de ne pas le voir refleurir une autre fois.
Veuillez donc accepter, Monsieur, avec mon remerciement sincère, l'expression de mes sentiments distingués et de mon regret.

En réalité, d'après ce dont se souvenait Colette, cela s'était passé un peu différemment. Sa mère s'était déclarée tout à fait prête à venir ; sa belle-fille pourrait s'occuper du cactus et des chats pour quelques jours. Mais elle avait plus ou moins clairement formulé une condition : que ce ne fût pas le deuxième mari de sa fille, mais cette dernière elle-même qui lui écrivît.

Pourquoi Colette transforma-t-elle dans son roman l'acceptation en refus, pour écrire ensuite qu'elle était la fille de cette femme, morte un an plus tard, à l'âge de soixante-dix-sept ans ? Sans doute voulait-elle, dans son nouvel ouvrage, présenter pour une fois uniquement le bon côté de la complexe et ambivalente relation mère-fille. Elle voulait enlever au personnage de la mère un peu de cette domination dont elle avait souffert dans sa jeunesse, et lui prêter en revanche un peu de la souveraine aisance qu'elle aurait aimé voir chez elle de son vivant.

Une dizaine de lettres de la mère sont réparties sur les cent-quatre-vingts pages à peine de *La Naissance du jour*. En les assimilant et les réécrivant, la fille cherche une image idéale de sa mère, pour se comparer ensuite à cette image construite. Ce que Colette semble vouloir nous dire, c'est qu'à l'origine de son propre travail d'écriture se trouve cette mère qui écrivait des lettres : ses plumes pointues griffaient le papier, elle faisait grand bruit en écrivant ; c'est sous cette cloche de bruit qui « emplissait la chambre d'un grattement de pattes d'insectes furieuses » que la fille a grandi. En la personne de Sido, le

SIDONIE LANDOY, DITE « SIDO », mère de l'écrivain Colette.

lecteur fait la connaissance d'une femme qui vit en harmonie avec la nature et la réalité, qui a tous les attributs de la dispensatrice de vie, et regarde néanmoins venir la mort avec sérénité. Lorsque sa belle-sœur Caro est épouvantée du présent qui lui a été fait d'un « magnifique cercueil d'ébène à poignées d'argent », qui à l'origine était destiné à une autre femme, dont « le corps enflé n'a pu y entrer », la mère écrit à sa fille : « Que ne me l'a-t-elle donné à moi ? J'aime le luxe, et vois-tu j'aurais été bien logée là-dedans. »

La dernière lettre, explique Colette à la fin du livre « vint vite après la riante épître du cercueil en bois d'ébène… Deux feuillets crayonnés ne portent plus que des signes qui semblent joyeux, des flèches partant d'un mot esquissé, de petits rayons, deux "oui, oui" et un "elle a dansé" très net. Elle a écrit aussi, plus bas, "mon amour" – elle m'appelait ainsi quand nos séparations se faisaient longues et qu'elle s'ennuyait de moi. Mais j'ai scrupule cette fois de réclamer pour moi seule un mot si brûlant. Il tient sa place parmi des traits, des entrelacs d'hirondelle, des volutes végétales, parmi des messages d'une main qui tentait de me transmettre un alphabet nouveau… De sorte que cette lettre, au lieu de la contempler comme un confus délire, j'y lis un de ces paysages hantés où par jeu l'on cacha un visage dans les feuilles, un bras entre deux branches, un torse sous des nœuds de rochers… »

MARINA TSVETAÏEVA fut l'une des plus grandes poétesses russes du XXᵉ siècle,
et toute la folie de ce siècle se reflète dans sa biographie. Ici avec sa fille ARIADNA, surnommée Alia, âgée de treize ans.

MARINA TSVETAIEVA A SA FILLE EN CAMP DE TRAVAUX FORCES

«Tiens bon et sois courageuse»

Marina Tsvetaïeva (1892-1941) est, avec Anna Akhmatova, l'écrivaine russe la plus célèbre du xxᵉ siècle. Cet «âge des extrêmes», selon la formule de l'historien Eric Hobsbawm, imposa à ces deux femmes de lettres une existence aléatoire et déchirée, qui se reflète dans la poésie de Marina Tsvetaïeva de façon bien plus directe et immédiate que dans celle d'Anna Akhmatova. Dès l'âge de dix-huit ans, la fille du fondateur du musée Pouchkine, après avoir fait des études littéraires à la Sorbonne, épousa le jeune officier Sergueï Efron. Le couple vécut en Crimée.

En 1912 naquit Ariadna, surnommée Alia, et en 1917, l'année de la Révolution d'octobre, une deuxième fille, Irina. Efron rejoignit les troupes des Blancs, la contre-révolution. Dans l'espoir de revoir son mari, Marina Tsvetaïeva décida de revenir à Moscou. La famine qui s'y déclencha la contraignit à confier Irina – dans l'espoir qu'elle y serait mieux soignée – à un orphelinat, où l'enfant mourut pourtant de sous-alimentation en 1920.

C'est seulement en 1922 que Marina retrouva son mari à Berlin. Avec leur fille Alia, le couple séjourna d'abord aux environs de Prague, où naquit un fils, Georgi, dit «Mur». La famille s'installa en 1925 en France, où elle vécut dans la pauvreté et l'isolement en banlieue parisienne. Ni Marina ni Sergueï ne se sentaient bien dans les cercles d'émigrés russes, qui de leur côté leur reprochaient de ne pas rejeter assez catégoriquement la nouvelle Russie. Sergueï travailla finalement pour l'Union du retour dans la patrie, qui était financée par les services secrets soviétiques. Impliqué dans une affaire d'assassinat politique, il fut recherché par la police française et s'enfuit en 1937 en Russie, où sa fille Alia était déjà retournée quelques mois auparavant. En 1939, après l'invasion de la Pologne par Hitler, Marina et Mur suivirent à leur tour.

Il semble que Sergueï Efron ait été arrêté dès son arrivée en Union soviétique. Il devait être fusillé en 1941. Dans le cadre des jugements arbitraires et des «culpabilités familiales» en vigueur à cette époque, Alia fut également condamnée en 1939 à huit ans de travaux forcés ; c'était son fiancé qui avait sans doute espionné la famille. Mais comme si cela ne suffisait pas, dix ans plus tard, en février 1949, Alia Efron fut arrêtée une deuxième fois ; elle fut condamnée cette fois au «bannissement à vie». Sa seule faute était d'avoir déjà été condamnée à la détention une première fois. La correspondance qu'elle échangea à cette époque, depuis son exil à l'extrême nord de la Sibérie, avec Boris Pasternak est restée célèbre.

Mais la poétesse Marina Tsvetaïeva avait alors disparu depuis longtemps. Après l'invasion allemande, elle avait été évacuée avec son fils à Yelabouga, dans la

LETTRE MANUSCRITE, avec un texte de la propre main de l'auteur.

République soviétique tartare. C'est là qu'elle se suicida le 31 août 1941.

La lettre pleine de prévenance dont nous reproduisons ici des extraits est l'une des quatorze lettres et cartes postales que Marina Tsvetaïeva adressa, entre le 5 février et le 29 mai 1941, à sa fille en camp de travaux forcés. Transférée dans un camp spécial au début de la guerre, Alia confia le paquet de lettres à une surveillante qui réussit à les lui conserver jusqu'à sa libération en dépit de toutes les fouilles et de tous les déplacements.

Moscou, le 12 avril 1941, samedi

« Chère Alia ! Enfin ta première lettre – du 4, dans une enveloppe bleue. Je l'ai contemplée de 9 heures du matin à 3 heures de l'après-midi, jusqu'à ce que Mur revienne de l'école. Elle était posée sur son assiette, il l'a vue de la porte et s'est jeté dessus avec un A-ah ! de satisfaction et même de ravissement ! Il ne me l'a pas donnée à lire, il m'a lu tout haut aussi bien la sienne que la mienne. Mais je t'ai quand même – d'impatience – envoyé une carte postale avant cette lecture. C'était hier, le 11, et le 10, j'ai fait un virement pour papa, qui a été accepté. Alia, je me suis préoccupée beaucoup de ton approvisionnement, j'ai déjà du sucre et du chocolat, maintenant je suis à la recherche de bacon et de fromage – durs comme pierre, qu'importe. Je t'envoie un sachet de carottes mises à sécher sur tous les radiateurs à l'automne, on peut les faire tremper dans l'eau bouillante, ça permet de manger un peu de légumes. Dommage, même si ce n'est que trop naturel, que tu n'aimes pas l'ail – on m'en a mis de côté à tout hasard un kilo. Il y a un autre moyen simple et moins dégoûtant, ce sont les pommes de terre crues, penses-y. Elles font autant d'effet que le citron, j'en suis absolument sûre. Je t'ai déjà écrit qu'on avait rendu tes affaires, on m'a même fait rompre le scellé, de sorte que nous avons tout ; du reste, les mites n'ont rien touché. Dans l'ensemble, toutes tes affaires sont intactes : livres, jouets et de nombreuses photos. Je me suis approprié le récipient en raphia que nous utilisions toujours comme boîte et j'y mets des perles de verre. Ne devrais-je pas t'envoyer le bracelet d'argent avec la turquoise – pour l'autre bras, on peut le porter toujours sans jamais le quitter, ce qui est même difficile. Et peut-être une bague ? Et maintenant que j'en suis à poser des questions, dis-moi : quelle couverture ? (Ta deuxième couverture bleue s'est perdue à Bolchevo comme beaucoup d'autres choses, mis à part tes affaires.) J'ai encore ma couverture tricotée de toutes les couleurs, elle est grande, pas lourde et chaude ; ton plaid beige de papa, mais il est petit – et un châle espagnol bleu foncé. Moi, je prendrais la couverture tricotée et le châle – à la prochaine occasion ; en tout cas, le châle est à toi. J'envoie aussi de la naphtaline. Les sacs sont déjà prêts à partir. Avec, il y a deux robes – une écrue de Noma et une autre, un peu plus élégante, on adaptera les manches. Moulia jure qu'il peut se procurer de l'extrait de clous de girofle contre les moustiques – ça a une odeur merveilleuse, que j'adore depuis mon enfance. Et puis tu recevras un tas de petites choses à donner. Chez nous, c'est le printemps, il fait encore frais et la glace n'a pas fondu. Hier, la femme de ménage m'a apporté une branche de saule et le soir (j'ai une grande baie sur tout un côté), j'ai contemplé à travers la branche la grosse lune jaune, et la lune m'a regardée, elle aussi, à travers la branche... Mur m'a dit aujourd'hui, révolté : « Maman, tu ressembles à une de ces horribles vieilles de la campagne ! » Et ça m'a beaucoup plu de ressembler à une vieille de la campagne...

Je voudrais expédier la lettre aujourd'hui, donc je termine. Tiens bon et sois courageuse...

Maman

SYLVIA PLATH A SA MERE

« J'aime les lettres, c'est pour elles que je vis »

Avec cette lettre, c'est une fille qui écrit à sa mère. La fille est elle-même mère de deux enfants – et écrivain. Elle est née aux États-Unis en 1932, et y a grandi. Elle vit avec son mari Ted Hughes, écrivain lui aussi, en Angleterre depuis un an, dans une grande maison avec un jardin, à la campagne, loin de Londres où elle va bientôt retourner. Car cet homme et cette femme sont en train de se séparer, il a une liaison et quitte sa famille. Au cours d'une de leurs disputes, il lui a dit qu'elle était une « horreur » au milieu d'un univers de jolies femmes. Dans trois semaines, elle aura trente ans. Depuis quelques temps, elle est malade, fiévreuse, elle est parfois secouée de frissons et a beaucoup maigri. Elle est en outre sujette à d'extrêmes sautes d'humeur. Il y a trois jours, elle se sentait au plus bas ; aujourd'hui, elle est au contraire joyeuse, plus heureuse qu'elle ne l'a été depuis longtemps. Tous les deux ou trois jours, elle adresse à sa mère en Amérique des lettres si lourdement chargées d'émotion que cette dernière ne peut que les ressentir comme des appels au secours. En même temps, elle refuse catégoriquement l'offre réitérée qui lui est faite de revenir pour un temps à la maison, et elle écrit d'amers poèmes d'accusation comme « *Mum : Medusa* », qui parlent de l'influence nocive qu'aurait eu sur elle sa mère. Elle aime les lettres et vit pour les lettres, comme elle l'écrit – mais ces lettres

L'écrivain américaine SYLVIA PLATH en 1957.

sont la forme la plus poussée de proximité qu'elle puisse tolérer dans sa relation avec sa mère, à qui elle est liée par un sentiment ambivalent d'amour-haine. D'autres

SYLVIA PLATH n'était pas seulement une grande poétesse,
mais aussi un excellent peintre : cet AUTOPORTRAIT date de 1950-1951.

poèmes, qu'elle couche sur le papier le plus souvent aux
premières heures du matin, dans une espèce de délire,
tandis que les enfants dorment encore, évoquent une
femme trahie, malade ou victime d'abus sexuels, qui ne
survit que pour exercer sa vengeance. Pour l'expression
de son expérience directe et de ce qu'elle ressent en tant
qu'épouse, mère et fille, la poétesse Sylvia Plath trouve
dans cette phase de sa vie des mots et des images qui lui
vaudront à titre posthume le prix Pulitzer.

« **Chère maman,**
Oublie ma dernière lettre ! Il faut que j'aie déliré
complètement pour avoir imaginé que je pouvais arracher
les autres à leur vie pour rendre la mienne plus
supportable. C'est cette maudite fièvre qui m'a tuée. Je
suis allée chez le médecin – pas de médicaments, bien
sûr – et puis à huit heures au lit. Hier, j'allais déjà
beaucoup mieux. L'assistante sociale qui est venue voir
Nicholas, m'a dit stupéfaite : « Mon Dieu, madame
Hughes, que vous avez maigri ! » Lorsque je lui ai raconté
que tous les matins je me levais à 4 heures pour écrire,

jusqu'à ce que les enfants se réveillent, elle a eu l'air
préoccupé. Je pense bien que la vue de notre malheur a
de quoi déstabiliser – une femme abandonnée,
assommée par la grippe, avec deux enfants et un travail à
plein temps !
Quoi qu'il en soit, Winifred, louée soit-elle, est venue hier
soir en nous apportant des nouvelles prometteuses : une
jeune infirmière pédiatre de 22 ans qui habite à proximité
« aimerait terriblement » venir loger ici jusqu'à la
mi-décembre, aller voir ses parents une fois par semaine,
etc. Elle pensait que je pourrais lui proposer le voyage en
Irlande, dès qu'elle se serait un peu habituée ; elle serait
disposée à tout. À Noël, elle aimerait bien être chez elle,
et en janvier, il faut qu'elle retourne à Londres pour
raison professionnelle, mais ce qui m'importe c'est
le temps qu'il reste jusqu'à l'Irlande, pour lequel il faut à
tout prix que je trouve une solution. Manifestement,
ils veulent m'inviter à prendre le thé pour parler du côté
financier – environ 5 guinées par semaine (15 $), plus la
nourriture et la chambre, ça irait, pense Winifred.
Moitié moins que pour cette horrible nurse qui est venue
hier soir. C'est une vieille fouineuse enflée, et il me tarde
de m'en débarrasser. Les services de cette agence de
luxe à laquelle j'ai dû faire appel dans mon désespoir
– je n'ai tout simplement pas le temps de chercher –
ont déjà coûté 10 $. Hilda, la tante de Ted, m'a écrit
aujourd'hui qu'elle comptait venir bientôt, je vais donc
lui faire savoir qu'on m'a expliqué que je devais prendre
d'urgence une bonne d'enfants qui habiterait dans
la maison... parce que la grippe m'a mise à plat... surtout
ne vexer personne.
Le temps est divin. Brumeux le matin, mais clair,
ensoleillé, ciel bleu dans la journée. J'ai une méchante
toux et dès que je pourrai, je ferai une radio des poumons
et une visite de contrôle chez le dentiste. Levée
aujourd'hui à 5 heures. J'écris de très bons poèmes.
La BBC vient juste d'en accepter un très long, je vais y
aller faire un enregistrement... Il me faut du temps pour
reprendre mon souffle, me mettre au soleil, prendre
du poids. J'ai tant d'idées et de sujets que ça me suffit
pour un an et même plus ! Après cette jeune infirmière
(son père écrit des livres pour enfants et sa mère
est secrétaire à l'Union des apiculteurs d'ici), il faut que
j'aie une bonne ou une bonne d'enfants à demeure.
Tout le monde est très bon avec moi ici, comme s'ils
connaissaient ou devinaient mon problème...

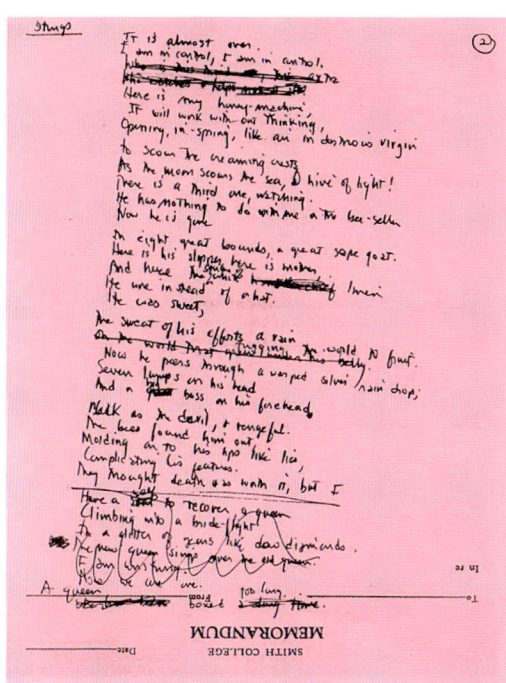

À gauche, Sylvia Plath AVEC SES DEUX ENFANTS en 1963. À droite, le manuscrit de son poème «STINGS».

Je continuerai de vivre ici, puis un jour à Londres, heureuse de ma propre vie, de mon métier et de mes enfants... Je trouve que c'est magnifique ici, même dans la situation actuelle. Je sais qu'il est absolument nécessaire qu'une jeune fille en qui on puisse avoir confiance, ou une femme, habite dans la maison ; alors je pourrai sortir n'importe quand et régler une affaire, faire une visite et écrire toute la journée. C'est seulement comme ça que je profiterai des enfants. Une chance que je ne travaille pas hors de chez moi (...)
Être totalement coupée de toute culture, des pièces de théâtre, des bibliothèques, des gens, du travail, des moyens financiers, avec pour finir l'écriture et sans bourse... je ne l'oublierai jamais et je m'en souviendrai dans mon prochain roman.
(...) J'aime les lettres, c'est pour les lettres que je vis.
xxx Sivvy

Cette lettre donne l'impression que le problème de Sylvia Plath aurait surtout résidé dans l'organisation pratique du quotidien, et sans doute était-ce ainsi qu'elle voyait les choses. La jeune fille, jadis rayonnante et très douée, a éprouvé dès sa jeunesse un intense besoin de perfection, besoin qui était au-dessus de ses forces. Le drame de Sylvia Plath, qui le 11 février 1963, dans son nouvel appartement londonien, se mit la tête dans le four à gaz – non sans s'être assurée que les enfants endormis ne risquaient rien –, ce n'est pas seulement le drame d'une femme moderne privée du soutien de son mari et croulant sous le poids de multiples tâches. C'est aussi le drame d'une poétesse qui a défini dans son journal l'écriture comme un « acte religieux », impliquant « la plus lourde responsabilité du monde ». La force pulsionnelle qui lui fit écrire des poèmes d'une originalité unique était la même que celle qui la conduisit au suicide.

COSIMA WAGNER, fille de Franz Liszt, femme de Hans von Bülow puis de Richard Wagner, vers 1860.

COSIMA WAGNER A SA FILLE DANIELA

«Mon enfant chéri»

osima Wagner, fille de Franz Liszt et seconde femme du compositeur Richard Wagner, avait épousé en premières noces Hans von Bülow, avec qui elle eut trois filles, Daniela, Blandine et Isolde – encore que la paternité d'Isolde soit déjà attribuée à Richard Wagner. Ses lettres à sa fille aînée, Daniela, montrent la façon dont la mère use de son influence éducative. Le 9 août 1880, elle écrivit à Daniela, alors âgée de dix-neuf ans :

Pistoia, 7 heures du matin, mardi 9 août 1880
« (...) **Tu as par exemple, du fait de ta vivacité, un côté abrupt et, du fait de ton énergie, un grain de vulgarité lorsque tu élèves trop la voix (alors que ton organe est très agréable quand tu parles d'un ton modéré), je te donne cela comme exemple d'un certain nombre de choses qui ne font pas réellement partie de ton vrai moi, mais sont en quelque sorte les rejets qu'en bon jardinier tu dois éliminer.**
Le bien et le mal, nous les avons en nous, si nous voulons favoriser le premier, il faut réduire le second au silence. Ton mal n'a pas à trouver sa forme, ou s'il l'a, il faut que tu la détruises afin qu'il ne s'agite plus en toi que comme un vieux Père Fouettard, un vieux

De gauche à droite : Richard Wagner, sa femme Cosima, le philosophe Heinrich von Stein, le peintre Paul von Joukowski et les filles de Cosima, DANIELA et Blandine von Bülow, dans la villa Wahnfried à Bayreuth, en 1881.

fantôme, tandis que ton être extérieur ne sera que l'expression naturelle de ton évolution vers la perfection intérieure.
Voilà la véritable œuvre de l'art !

La sculptrice CAMILLE CLAUDEL âgée de vingt et un ans, photographiée par Étienne Carjat (1886).

CAMILLE CLAUDEL A SA MERE

«C'est curieux que vous disposez de moi comme il vous plaît…»

Passionnée par la sculpture depuis l'enfance, Camille Claudel fut toujours soutenue par son père, mais dut affronter l'opposition de sa mère. Elle étudie la sculpture avec Auguste Rodin, qui devint son amant et reconnaissait son talent. Après quinze années de vie passionnée, Camille Claudel sombre dans la folie, et une semaine après le décès de son père, sa famille la fait interner ; elle meurt le 19 octobre 1943 sans avoir jamais reçu la visite de sa mère.

Maison de santé de Ville-Évrard
(Fin mars 1913)

« Chère madame Claudel,

Je vous ai déjà écrit plusieurs fois sans recevoir de réponse, il en sera sans doute de même cette fois-ci mais enfin je me risque. C'est une petite recommandation que je voudrais vous faire, pas grand-chose mais enfin cela pourrait vous être utile tout de même. Vous n'auriez plus besoin de vous déranger dorénavant pour envoyer de l'argent ici (ni argent ni habits). Ce n'est pas la peine, je connais des messieurs qui vont se charger de ça, vous n'aurez plus à vous en occuper. Ils ne demandent pas mieux (vous savez bien les messieurs, les messieurs qui m'ont pris mon atelier, ceux qui m'ont pris mon atelier, mes albums, mes esquisses, etc.), ils sont si contents de ce qu'ils ont trouvé chez moi, ça leur a fait tellement plaisir qu'ils seront enchantés d'offrir à l'artiste qui leur a offert une si belle récolte, une pension toute trouvée. (…) Vous ne les connaissez pas ces messieurs-là : eh bien moi je les connais, je vous donnerai leur adresse si vous voulez (l'homme de génie qui habite le Sacré-Cœur pourra vous donner leur adresse). (…)
C. Claudel

Montdevergues, 2 février 1927

« (…) Je ne me suis pas réchauffée de tout l'hiver je suis glacée jusqu'aux os, coupée en deux par le froid. J'ai été très enrhumée. Une de mes amies, un pauvre professeur du lycée Fénelon qui est venue s'échouer ici a été trouvée morte de froid dans son lit, c'est épouvantable. Rien ne peut donner l'idée des froids de Montdevergues. Et ça dure, 7 mois au grand complet : jamais tu ne peux te figurer ce que je souffre dans ces maisons. Aussi ce n'est pas sans une surprise mélangée d'épouvante que j'ai appris que Paul me faisait mettre de 1re classe. C'est curieux que vous disposez [sic] de moi comme il vous plaît sans me demander mon avis, sans savoir ce qui se passe. (…)
Camille

FRANCOISE DOLTO A SON PERE

« Je ne veux surtout pas être une occasion de trouble et de tristesse pour toi »

Françoise Dolto, fille de Henri Marette et Suzanne Demmler, fut une pédiatre et psychanalyste, une des pionnières de la psychanalyse de l'enfance. Elle avait onze ans lorsque sa sœur Jacqueline, la préférée de la mère, mourut d'un cancer des os, et les répercutions de ce deuil, qui ont pu avoir une influence sur son intérêt pour les malentendus et les non-dits entre adultes et enfants, ont eu aussi une forte influence sur la santé de sa mère et sa vie de famille.

4 août 1936

« **Mon cher papa,**
(...) **Je pense à ton anniversaire, Papa, à toute ta vie,
dont l'autre soir tu m'as raconté les débuts.
C'était la première fois que je t'entendais raconter
des souvenirs en les revivant. Jusqu'à ce jour les
épisodes de ton enfance ou d'après, que tu racontais,
restaient entre toi et moi comme des images où on
« voyait » un toi que je ne connaissais pas, sans aucun
lien avec celui qui parlait. L'autre soir, tu ne parlais
pas de toi comme un étranger qui raconte une histoire
à titre documentaire, ni pour distraire ou édifier
son auditeur ; tu revivais tes souvenirs avec moi**
comme avec une amie. Comme c'était merveilleux, Papa,
et comme je suis heureuse de savoir un peu de ta vie
d'enfant et de jeune homme. Tu es tellement plus proche,
moins énigmatique quand tu caches moins ton cœur. (...)
Françoise

Ci-dessus : FRANÇOISE DOLTO ENFANT, photographiée
parmi ses frères et sœurs (deuxième à partir de la gauche) vers 1911.
Sur la photographie du studio Harcourt (page de gauche),
elle est âgée de vingt-quatre ans.

14 juin 1938

« Cher papa, j'ai reçu ta lettre l'autre jour au moment de partir pour Boutigny. Je n'ai pu la lire que dans le train et d'ailleurs j'étais si loin de penser au drame qu'elle reflétait que j'avais cru en voyant ton écriture que c'était un mot gentil pour me souhaiter bon repos ! je n'avais emporté ni plume ni papier et ne trouvais que du papier écolier dans ce patelin de campagne – aussi j'ai attendu Paris. (...)

Tout le reste de ta lettre se fait l'écho des revendications de ma pauvre maman. Je ne lui en veux pas – malgré tout le mal qu'elle a essayé de me faire dans ma réputation – sans parler pour le passé, de l'angoisse paralysante qu'elle créait en moi chaque fois que j'essayais d'aller de l'avant en me faisant croire que j'agissais mal. (...)

Je me suis vue misérable, longuement découragée, avec la notion exacte de tout ce que je risquais : ou bien de sombrer tout à fait, par manque de résistance (morale ou physique) ou bien d'acquérir au contact des vraies épreuves de la vie qui ne sont pas les débats stériles avec les « qu'en dira-t-on », les « de quoi ça à l'air », les « la peine que tu me fais », une expérience humaine qui me récompenserait de tout ce que j'aurais souffert. Ce qui me soutenait c'était la certitude d'être dans la bonne voie, et surtout une qualité qui me vient de ton côté (Marette, tes sœurs et toi) et qui n'est pas l'orgueil mais la dignité de soi-même. (...)

L'évolution grandissante de la névrose de maman devait aboutir à *me* fermer la porte de la maison ; mais il lui fallait aussi m'en donner la responsabilité. C'est peut-être la seule raison qui donna à ce détail banal d'une porte fermée – *derrière moi* et non sur *elle* qui ne nous suivait pas du tout – l'envergure dramatique qu'il a eu. J'ai beau être habituée à ces malades, j'ai eu longtemps l'espoir de me tromper sur maman et je voulais à tout prix essayer de trouver dans une intonation, un geste ou un mot de ma part, quelque chose qui eût en effet, en soi-même, le pouvoir de déclencher des interprétations revendicatrices quitte à les dire exagérées. Mais hélas, depuis plusieurs mois, je suis obligée de voir clair. Il n'est pas là désir de me séparer d'elle, de haine ni même de blâme.

Si maman avait un cancer lui en voudrais-je ? et c'est un mal moral aussi grave dont elle est la proie et elle souffre terriblement.

Quand, après la mort de Jacqueline, elle est tombée dans sa grande dépression neurasthénique, aboutissant à la fièvre et au délire de Vic-sur-Cère, qu'a résolue la seule thérapeutique morale d'un jeune médecin psychologue, puis la grossesse et la naissance de Jacques, fallait-il lui en vouloir ? (...)

Et si je ne suis pas autrement – c.à.d. arrangeante – surtout bien que je la sache malade, donc irresponsable, ce n'est ni par orgueil ni par haine, c'est qu'en faisant ainsi, j'agirais contre elle.

Et si, pour te faire plaisir, j'avais l'air de lui donner rais. quand elle expose ses griefs imaginaires je travaillerais contre toi-même et contre ceux qui vivent en direct contact avec elle, mes jeunes frères. (...)

Si je suis pour elle chargée d'une si forte culpabilité, cela lui est nécessaire. C'est grâce à son attitude revendicatrice à mon égard qu'elle évite de tomber dans l'autodestruction d'après la mort de Jacqueline. (...)

Peut-être à très bientôt et en vrai et amis et avec quelle joie !!

Mais peut-être croiras-tu encore que pour m'aimer il te faut me donner raison contre maman, comme s'il fallait choisir entre nous. Alors mon cher papa, je ne veux surtout pas être une occasion de trouble et de tristesse pour toi. Je t'aimerai comme avant en comprenant très bien que tu préfères ne plus me voir. (...)

Ta pte Franc

Dès les premiers jours de son mariage, elle en vint à une conclusion assez dure concernant son mari. Elle se dit : « Si tu aimes cette personne, tu seras la créature la plus malheureuse de la terre. Car ta nature profonde réclamerait la réciproque, or cet être n'a quasiment pas la moindre considération pour toi... Tu as trop de fierté pour en faire grand tapage, donc, pour ce qui est des gestes de tendresse à l'égard de ce monsieur, contiens-toi s'il te plaît. Songez à vous-même, Madame ! »

C'est ce qu'on peut lire dans les mémoires de la princesse allemande Sophie Auguste Friederike von Anhalt-Zerbst, entrée dans l'histoire sous le nom de Catherine la Grande, tsarine de Russie. Mais pour en arriver là, il fallait d'abord qu'elle supplantât l'époux qu'elle n'aimait pas et qui, sous le nom de Pierre III de Russie, avait succédé à sa tante sur le trône des tsars, où il ne devait se maintenir que six mois. Non seulement il faisait mauvais effet par son comportement infantile, son ivrognerie et son incapacité politique, mais il offensait sa femme en public, ce que cette dernière ne lui pardonna pas et ce qui ruina sa réputation à la cour. Sa destitution se fit sans effusion de sang et de façon tout à fait discrète. Frédéric le Grand, roi de Prusse, dira plus tard que le tsar s'était laissé détrôner comme un enfant qu'on envoie au lit. Son assassinat ultérieur, par les officiers de la garde chargée de le surveiller, semble avoir été perpétré à l'insu de Catherine.

L'exemple de Catherine de Russie illustre à la fois la sous-estimation chronique dont sont victimes les femmes, et la possibilité, pour une personnalité marginale dans une position initialement improbable, d'accéder au pouvoir – pourvu qu'elle ait l'ambition nécessaire et qu'elle sache profiter du moment favorable. Catherine s'était bien préparée à son éventuelle accession au trône : contrairement à son mari, qui ne parlait que l'allemand, dès son arrivée en Russie, elle avait appris la langue du peuple, tout en se perfectionnant en français, qui était alors la langue des classes supérieures. Son exemple montre aussi qu'une fois le pouvoir conquis, la différence de sexe s'estompe face à l'institution sociale et à la dynamique qui lui est propre. Sur le trône des tsars, Catherine de Russie n'était pas femme avant tout, elle était la souveraine.

Une très ancienne définition du pouvoir veut que ce soit la force ou la capacité de rendre réel le possible. Sur ce point les femmes, mis à part quelques exceptions, furent

LETTRES DE FEMMES D'INFLUENCE

LES LETTRES SONT UN ESPACE DE LIBERTÉ

longtemps soumises à de grandes restrictions. Dès lors qu'elles cherchaient à se réaliser pleinement, comme madame de Staël au début du XIXᵉ siècle, les hommes, détenteurs des positions de pouvoir, avaient tôt fait de leur montrer leurs limites. Dans le passé, les femmes étaient souvent là pour conseiller et encourager leurs époux ou amants qui, eux, exerçaient le pouvoir. Leur intervention était sollicitée surtout à partir du moment où, l'institution étant mise en échec, il fallait faire intervenir l'intuition. En pareil cas, on pouvait même envoyer, par exemple, l'épouse du roi de Prusse en ambassade auprès de l'homme alors le plus puissant du monde : elle était censée toucher le cœur de Napoléon et placer ainsi les négociations sur une base nouvelle. Pour autant qu'on sache, le premier objectif fut atteint, le deuxième non.

Les correspondances entre rois et autres souverains ont une longue tradition qui remonte à l'Orient ancien : ce sont des écrits émanant des centres du pouvoir, auxquels les personnes extérieures avaient rarement accès. Ou alors, ce devaient être de grands esprits comme Voltaire, susceptibles d'intervenir en représentants de leur époque ; les femmes n'avaient aucune chance en la matière. La lettre était toutefois et reste un instrument entre les mains de personnes qui ne détiennent pas de pouvoir institutionnel : elle leur permet d'exposer leur préoccupation et de la faire connaître. Madame de Staël adressa à Napoléon de nombreuses requêtes – auxquelles il ne répondit jamais. Politiques, les lettres le sont en particulier dans la mesure où elles réfléchissent sur la politique, par exemple sur le pouvoir et la chute des souverains, comme c'est le cas de la description très dense que donne Mary Wollstonecraft de la marche de Louis XVI du trône à l'échafaud. Les lettres peuvent aussi – et ce serait encore une fonction politique, au sens large du terme – représenter un espace de liberté où l'individu s'exprime à l'abri de toute pression. Simone Weil, agrégée de philosophie, avait déjà usé de cette liberté en travaillant comme ouvrière en usine, en participant à la guerre civile espagnole dans les rangs républicains… Avant de rejoindre les forces de la France libre à Londres, elle écrivit pendant son séjour à Marseille des lettres qui témoignent de l'évolution des formes de son engagement dans la guerre (notamment avec le « Projet d'une formation d'infirmières de première ligne »), et de sa pensée politique caractérisée par une réflexion toujours intempestive dans le siècle chaotique dont elle est le témoin.

CATHERINE II A VOLTAIRE

La tsarine et le philosophe

La tsarine Catherine, qui avait accédé au trône de Russie à la suite d'un coup d'État contre son époux Pierre III, était depuis sa jeunesse une lectrice passionnée des écrits de Voltaire, l'homme le plus célèbre de son époque avec Frédéric le Grand. Voltaire était un infatigable épistolier – la meilleure édition de sa correspondance compte plus de 20 000 lettres – et il est considéré par beaucoup comme le plus grand auteur de lettres du XVIIIe siècle. Il comptait parmi ses destinataires de nombreuses têtes couronnées et les plus grands esprits de son temps. C'était un honneur que de correspondre avec le philosophe ; on lisait ses lettres dans les salons, on les conservait et les collectionnait.

En 1763, Catherine ayant pris le pouvoir un an plus tôt, Voltaire écrivit, apparemment sans arrière-pensée, une lettre au secrétaire de la souveraine, à l'époque Pictet, dont la famille était amie du philosophe. Il lui envoyait, avec un tas de formules galantes sur la nouvelle tsarine, son *Histoire de l'empire de Russie sous Pierre le Grand*. Catherine tint à répondre en personne à Voltaire, chantant à son tour les louanges de l'homme dont elle plaçait les contes philosophiques et les ouvrages d'historiographie bien au-dessus du reste de la production littéraire de son temps. Ainsi débuta une correspondance qui, par moments ralentie, puis ranimée, s'étendit sur quinze ans et réunit 177 lettres, intégralement conservées. Nul doute que la Grande Catherine ait poursuivi par la même

CATHERINE II DE RUSSIE
AVEC LES ALLÉGORIES DE L'HISTOIRE ET DU TEMPS,
par Giovanni Battista Lampi le Vieux (vers 1792).

occasion des objectifs de propagande ; la correspondance avec le plus grand esprit de l'âge des Lumières lui conférait l'aura d'un despote éclairé, ce que dans l'exercice du

VOLTAIRE À SANS-SOUCI, avec Frédéric le Grand.

pouvoir politique, elle ne fut que relativement. Cela lui permettait en outre de faire de Voltaire l'interprète de ses intérêts dans le « monde éclairé ».

À Pétersbourg 6/17 décembre 1768

« Monsieur, je suppose que vous me croyez un peu d'inconséquence : je vous ai prié, il y a environ un an, de m'envoyer tout ce qui a jamais été écrit par l'auteur dont j'aime le mieux à lire les ouvrages ; j'ai reçu au mois de mai passé le ballot que j'ai désiré, accompagné du buste de l'homme le plus illustre de notre siècle. J'ai senti une égale satisfaction de l'un et de l'autre envoi : ils font depuis six mois le plus bel ornement de mon appartement, et mon étude journalière ; mais jusqu'ici je ne vous en ai ni accusé réception, ni fait mes remerciements. Voici comme je raisonnais : un morceau de papier mal griffonné, rempli de mauvais français, est un remerciement stérile pour un tel homme ; il faut lui faire mon compliment par quelque action qui puisse lui plaire. Différents faits se sont présentés ; mais le détail en serait trop long : enfin j'ai cru que le meilleur serait de donner par moi-même un exemple qui pût devenir utile aux hommes. Je me suis souvenue que par bonheur je n'avais pas eu la petite vérole. J'ai fait écrire en Angleterre pour avoir un inoculateur : le fameux docteur

Dimsdale s'est résolu de passer en Russie. Il m'a inoculée le 12 octobre. Je n'ai pas été au lit un seul instant, et j'ai reçu du monde tous les jours. Je vais tout de suite faire inoculer mon fils unique.

Le grand-maître de l'artillerie, le comte Orlof, ce héros qui ressemble aux anciens Romains du beau temps de la république, et qui en a le courage et la générosité, doutant s'il avait eu cette maladie, est à présent entre les mains de notre Anglais, et le lendemain de l'opération, il s'en alla à la chasse dans une très grande neige. Nombre de courtisans ont suivi son exemple, et beaucoup d'autres s'y préparent. Outre cela, on inocule à présent à Pétersbourg dans trois maisons d'éducation, et dans un hôpital établi sous les yeux de M. Dimsdale. Voilà, monsieur, les nouvelles du pôle. J'espère qu'elles ne vous sont pas indifférentes. (...)
Caterine

Catherine avait fait la connaissance de la petite vérole deux décennies auparavant. L'année qui précéda son mariage avec le futur Pierre III, ce dernier en avait été atteint. Pour éviter les risques de contagion, elle avait été tenue éloignée du malade. Lorsque la jeune femme revit son fiancé six semaines plus tard, elle éprouva une frayeur qu'elle rapporte dans ses *Mémoires* : il est défiguré par les cicatrices de la petite vérole au point qu'elle ne le reconnaît pas. Il est devenu d'une épouvantable laideur. Après avoir bredouillé des vœux de prompt rétablissement, elle se détourne et ne pense plus dès lors qu'avec répugnance à l'union qui l'attend. Voltaire, Catherine le savait, était un fervent défenseur de la vaccination, encore très controversée à cette date. Lorsqu'en 1726, après sa deuxième incarcération à la Bastille, il quitta la France pour passer deux ans et demi en Angleterre, il y fit la connaissance de lady Mary Montagu qui, quelques années plus tôt, avait fait campagne à Londres pour la vaccination, se heurtant à cette occasion à beaucoup de préjugés et de méfiance. Elle avait trouvé une éminente alliée en la personne de la future reine Caroline. Toutefois, avant que celle-ci ne fît vacciner ses deux enfants en bas âge, on essaya d'abord l'« inoculation », comme on disait alors, sur six détenus – qui, pour avoir bien voulu se prêter à l'expérience, furent graciés. Dans ses *Lettres philosophiques*, où il relate ce séjour en Angleterre, Voltaire fait l'éloge de l'engagement de ces deux femmes, disant de lady Montagu que c'était l'une des femmes les plus intelligentes de toute l'Angleterre.

MARY WOLLSTONECRAFT À GILBERT IMLAY

« La violence de la mort »

Mary Wollstonecraft, qui devait mourir en couches à l'âge de quarante-deux ans, à la naissance de sa seconde fille – la future Mary Shelley, qui inventa le personnage de Frankenstein – est surtout connue pour son écrit : *Défense des droits de la femme*, paru en 1792. Deux ans auparavant, elle avait déjà rédigé un *Plaidoyer pour les droits de l'Homme*, qui fut toutefois vite éclipsé par la *Déclaration des droits de l'Homme* de Thomas Paine. Lorsqu'elle publia ce manifeste, elle vivait depuis peu à Paris, où l'on débattait justement de la question de savoir si maternité et citoyenneté s'excluaient, ou si au contraire elles se conditionnaient mutuellement. Mary Wollstonecraft plaidait énergiquement pour que l'on fît d'abord des femmes des « créatures de raison et des citoyens libres », moyennant quoi elles seraient aussi de bonnes mères et maîtresses de maison. L'entendement et l'indépendance d'esprit étaient la condition *sine qua non* de l'une et l'autre chose. Son manifeste enflammé, dont de nombreux passages reposaient sur une argumentation extrêmement morale, et qu'elle dédiait à Talleyrand, député de la Convention, réclamait comme mesures immédiates une révolution de l'éducation des filles et l'égalité des chances. Mais sa vision allait plus loin encore : « Un vœu complètement fou s'envole à l'instant de mon cœur vers mon esprit, et je ne veux pas le réprimer, dût-il provoquer des hurlements de rire. Je

MARY WOLLSTONECRAFT milita dès 1792 pour l'« abolition de la différence entre les sexes ».

souhaiterais très sérieusement que la différence entre les sexes soit effacée de la société, mis à part les domaines où c'est l'amour qui détermine le comportement. »

Le 21 janvier 1793, elle était à la fenêtre de son appartement parisien pour voir passer la voiture de louage qui emmenait le roi condamné à mort de sa prison à la place où était dressée la guillotine. Un silence inhabituel régnait ce matin-là sur Paris, car on avait ordonné de fermer les portes principales de la ville. Le récit de l'événement que Mary Wollstonecraft adressa à l'homme d'affaires américain Gilbert Imlay, avec qui elle devait nouer quelques mois plus tard une relation malheureuse, est un document exceptionnel, parce qu'il exprime l'oppression et les sombres pressentiments qu'éveille en elle la violence tangible de la mort.

Paris, le 21 janvier 1793

« Je vous aurais, cher ami, dès réception de votre lettre remercié pour sa ponctualité, qui m'a fait grand plaisir, si je n'avais pas éprouvé le besoin d'attendre de pouvoir vous dire si ce jour s'était écoulé jusqu'au bout sans être souillé de sang. En fait, les précautions prises par la Convention pour éviter les troubles m'ont laissé supposer que les chiens de la révolte n'auraient même pas le courage d'aboyer, encore moins de mordre, même s'ils suivaient leur piste avec zèle. Et en cela, je ne me suis pas trompée, car les citoyens que l'on avait appelés à sortir de chez eux rentrent – l'arme sur l'épaule – à la maison avec des mines tranquilles. Ce matin vers neuf heures, on a convoyé le roi sous mes fenêtres ; le cortège évoluait en silence à travers les rues désertes, uniquement accompagné de temps à autre par un roulement de tambour qui rendait sensible de façon encore plus effrayante le silence sourd ; les gardes nationaux encadraient le roi et, de la façon dont ils se massaient autour de l'équipage, on pouvait dire qu'ils faisaient honneur à leur nom. Les Parisiens se groupaient aux fenêtres, mais tous les vantaux restaient fermés – et l'on n'entendait pas un cri, et je n'ai cru rien remarquer non plus qui pût ressembler au sarcasme ou à l'outrage. Pour la première fois depuis que j'ai mis le pied en France, je me suis inclinée devant la majesté du peuple et j'ai perçu la propreté de sa pensée, qui est en accord avec ce que je ressens. Je ne saurais guère vous dire pourquoi – mais une brusque association d'idées a fait que les larmes se sont mises à couler irrépressiblement de mes yeux lorsque j'ai vu Louis passer dans une voiture de louage – du reste avec une attitude qui exprimait plus de dignité que je ne l'en aurais cru capable, d'après sa nature – et que je n'ai pas pu réprimer l'idée qu'il allait à la mort par les mêmes rues qui furent pour tant d'autres de sa race le lieu de leur triomphe. Immédiatement est apparue à mon esprit l'image de Louis XIV ; je l'ai vu devant mes yeux, tel qu'après une de ses victoires qui flattaient tant sa fierté, il entrait dans la capitale avec toutes les pompes et les ornements – et ce uniquement pour mesurer encore plus clairement combien l'éclat de cette fortune était aujourd'hui assombri par la noble obscurité de la détresse profonde. Depuis lors, j'ai été entièrement livrée à moi-même ; et même si mon âme s'est apaisée, je ne puis chasser de mon esprit les images qui tout au long du jour se sont si vivement gravées en moi. N'en souriez pas – non, prenez pitié de moi, cher ami ; car une ou deux fois, en levant mes yeux du papier, j'ai vu d'autres yeux qui me fixaient à travers la vitre, et des mains ensanglantées qui me menaçaient en serrant les poings. Le bruit d'aucun pas ne parvient à mon oreille. Mes appartements sont tout à fait à l'écart des pièces des domestiques, seules créatures humaines qui passent la nuit avec moi dans ce gigantesque hôtel – où les portes à deux battants s'ouvrent devant vous l'une après l'autre ; si seulement j'avais emmené le chat ! J'ai besoin de quelque chose de vivant autour de moi ; la violence de la mort sous sa forme si diverse et si effroyable tient mon âme complètement prisonnière. Je vais me coucher – et pour la première fois de ma vie, je ne pourrai pas me résoudre à souffler la bougie.
M.W.

Si Mary Wollstonecraft avait quitté sa chambre pour se mêler à la foule jusqu'à l'échafaud, elle aurait pu constater que le silence fantomatique faisait place au vacarme assourdissant des tambours et des fifres. Louis monta à l'échafaud d'un pas lourd et avec peine, et lorsqu'il remua la tête comme pour parler, la musique cessa. Le roi dit qu'il mourait convaincu que ce n'était pas le peuple français qui voulait sa mort, mais ses ennemis personnels, et qu'il leur pardonnait. Le reste se perdit dans le tumulte, car les tambours et les fifres avaient repris. Un bourreau se saisit du condamné et le traîna jusqu'à la guillotine. Après un moment d'hésitation, Louis y posa la tête. La lame tomba vers neuf heures et demie du matin. La tête fut ensuite présentée à la foule qui réagit par des cliquetements d'armes et des cris d'exultation. On essayait d'attraper un bout du costume du roi, déchiré en petits morceaux ; ses cheveux se vendirent par touffes à des prix exorbitants. Pour finir, on entonna la chanson populaire de la Révolution qui se moquait du roi et de la reine, et l'on dansa autour de l'échafaud au son de cette Carmagnole.

OLYMPE DE GOUGES À MARIE-ANTOINETTE

«Femmes, quand cesserez-vous d'être aveugles?»

En 1791, inspirée par la Déclaration des droits de l'Homme et du citoyen proclamée en 1798, Olympe de Gouges en écrit un pastiche, *Déclaration des droits de la femme et de la citoyenne*. Outre l'égalité des sexes, elle réclame ainsi l'accès à la vie politique, l'instauration du divorce et la suppression du mariage religieux, remplacé par un pacte civil entre les conjoints. Le texte débute par une lettre dédiée à Marie-Antoinette, l'invitant à rejoindre et à soutenir la cause féministe.

« Peu au fait du langage que l'on tient aux Rois, je n'emploierai point l'adulation des Courtisans pour vous faire hommage de cette singulière production. Mon but, Madame, est de vous parler franchement ; je n'ai pas attendu, pour m'exprimer ainsi, l'époque de la liberté : je me suis montrée avec la même énergie dans un temps où l'aveuglement des despotes punissait une si noble audace. Lorsque tout l'Empire vous accusait et vous rendait responsable de ses calamités, moi seule, dans un temps de trouble et d'orage, j'ai eu la force de prendre votre défense. Je n'ai jamais pu me persuader qu'une Princesse, élevée au sein des grandeurs, eût tous les vices de la bassesse. (...) Qu'un plus noble emploi, Madame, vous caractérise, excite votre ambition, et fixe vos regards. Il n'appartient qu'à celle que le hasard a élevée à une place éminente, de donner le poids à l'essor des Droits de la Femme, et d'en accélérer les succès. Si vous étiez moins instruite, Madame, je pourrais craindre que vos intérêts particuliers ne l'emportassent sur ceux de votre sexe. Vous aimez la gloire : songez, Madame, que les plus grands crimes s'immortalisent comme les plus grandes vertus ; mais quelle différence de célébrité dans les fastes de l'Histoire ! l'une est sans cesse prise pour exemple, et l'autre est éternellement l'exécration du genre humain.

On ne vous fera jamais un crime de travailler à la restauration des mœurs, à donner à votre sexe toute la consistance dont il est susceptible. Cet ouvrage n'est pas le travail d'un jour, malheureusement pour le nouveau régime. Cette révolution ne s'opérera que quand toutes les femmes seront pénétrées de leur déplorable sort, et des droits qu'elles ont perdus dans la société. Soutenez, Madame, une si belle cause ; défendez ce sexe malheureux, et vous aurez bientôt pour vous une moitié de Royaume, et le tiers au moins de l'autre.

Voilà, Madame, voilà par quels exploits vous devez vous signaler et employer votre crédit. Croyez-moi, Madame, notre vie est bien peu de chose, surtout pour une Reine, quand cette vie n'est pas embellie par l'amour des Peuples, et par les charmes éternels de la bienfaisance. (...)

MADAME DE STAEL A NAPOLÉON

La provocatrice

Dans ses *Considérations sur les principaux événements de la Révolution française* se trouve une scène où madame de Staël montre Napoléon rencontrant « une Française célèbre pour sa beauté, son esprit et ses réparties. Il se planta devant elle comme un général allemand et dit : "Madame, je n'aime pas que les femmes se mêlent de politique. – Vous avez raison, général, répondit-elle, toutefois, dans un pays où on leur coupe la tête, elles aimeraient bien savoir pourquoi." » Cette Française belle, vive et illustre qu'elle nous décrit est évidemment madame de Staël elle-même. Bien que Napoléon et elle se soient effectivement rencontrés quelques fois, la scène est très certainement inventée. Mais elle montre comment se voyait la riche et très indépendante intellectuelle avant la lettre que fut Germaine de Staël : comme la femme qui défie le grand Bonaparte, qu'elle qualifia un jour d'« idéophobe » ; celui-ci, non content de percevoir le défi, le releva en la déclarant son ennemie préférée et en la condamnant périodiquement à l'exil.

Cependant, Germaine de Staël, fille de Jacques Necker, ancien ministre des Finances de Louis XVI qui avait été à la tête du gouvernement entre 1788 et 1790, n'était pas une femme politique, et sa pensée n'était pas politique au sens strict du terme. En outre, au départ en tout cas, elle ne faisait pas partie des opposants au régime napoléonien. Elle recevait l'élite de ses partisans, ses ministres, ses hauts fonctionnaires, les membres de la famille Bonaparte, dont Joseph, avec qui Germaine de Staël entretint une correspondance intense. Et un certain nombre de ces hommes furent aussi ses amants, en particulier Narbonne-Lara, Benjamin Constant, Talleyrand. Mais Napoléon était persuadé, dès qu'il y avait des remous dans son entourage, que madame de Staël était là-derrière. Il a écrit que l'arrivée de cette femme était comme celle d'un oiseau de malheur, toujours l'annonce de quelque désagrément.

Au début du Consulat, il semble encore décidé à se montrer conciliant avec cette femme spirituelle et entreprenante. Il aurait demandé un jour ce qu'elle voulait exactement, lui offrant même le droit de rester à Paris. Madame de Staël réagit de façon catégorique et peu conciliante : la question n'était pas de savoir ce qu'elle voulait, mais ce qu'elle pensait, répondit-elle laconiquement. Pour Napoléon, qui était en train d'instaurer un État policier, où seuls les hommes tout dévoués au pouvoir pourraient conserver leurs postes, et qui voulait à tout prix savoir ce que pensaient ses sujets, pour éventuellement les mettre le plus rapidement et discrètement possible hors d'état de nuire, cette réponse, surtout de la bouche d'une femme, dut faire l'effet d'une déclaration de guerre. À partir du moment où il eut l'impression que madame de Staël était au courant d'un complot visant à faire tomber le Consulat, voire qu'elle y prenait une part active, elle put avoir la certitude d'être poursuivie son

MADAME DE STAËL ET SA FILLE, tableau de Marguerite Gérard, vers 1805.
NAPOLÉON bannit madame de Staël. Peu de temps après, elle partit pour un voyage de six mois à travers l'Allemagne et écrivit sur cette époque un livre qui fait partie aujourd'hui encore des lectures obligées de tout spécialiste ou amateur de littérature : *De l'Allemagne*.

existence durant. La conséquence immédiate fut son bannissement hors de Paris : dans un rayon de dix lieues autour des Tuileries la ville lui était désormais zone interdite.

Mais à peine un peu plus d'un an plus tard, madame de Staël frappait de nouveau à la porte, sous prétexte d'occuper une petite maison dans les environs de la capitale, à Maffliers, prétendument à plus de dix lieues. En réalité, elle loua en même temps une maison en ville, dans l'actuelle rue de Lille, où elle se rendait en secret. Elle était comme celui qui revient toujours, jusqu'à ce que pour finir on le jette par une fenêtre du quatrième étage, écrivait-elle à son père, manifestement hanté de sombres pressentiments. Napoléon lui fit savoir sur-le-champ par un de ses ministres que Maffliers se situait, quoi qu'elle en dît, dans le rayon des dix lieues et que si elle n'en était pas partie avant le 7 octobre, il la ferait raccompagner, elle et ses enfants, escortés de quatre gendarmes jusqu'à Coppet, le château de ses parents au bord du lac de Genève. Le jour même où le délai arrivait à expiration, Germaine de Staël quitta Maffliers. Elle avait demandé asile à son amie Juliette Récamier à Saint-Brice qui

n'était pas très loin. De là, elle envoya à Napoléon une requête dont un certain nombre d'éléments n'étaient rien d'autre que du chantage.

[Saint-Brice, 8 octobre 1803]

« Citoyen Consul,

Je vivais à Maffliers sur l'assurance que vous aviez bien voulu me faire que j'y pouvais rester, lorsqu'on est venu me dire que les gendarmes devaient m'y prendre avec mes deux enfants. Citoyen Consul, je ne puis le croire, vous me donneriez ainsi une cruelle illustration, j'aurais une ligne dans votre histoire.

Vous perceriez le cœur de mon respectable père, qui viendrait, j'en suis sûre, malgré son âge, vous demander quel crime j'ai commis, quel crime a commis sa famille, pour éprouver un si barbare traitement. Si vous voulez que je quitte la France, faites-moi donner un passeport pour l'Allemagne et accordez-moi huit jours à Paris pour avoir de l'argent pour mon voyage et faire voir un médecin à ma fille, âgée de six ans, que la route a fatiguée. Dans aucun pays de la terre une telle demande ne serait refusée.

GERMAINE DE STAËL AIMAIT UNE FORME DE CONVERSATION INTELLECTUELLE qui n'était pas à la portée de tous.
Mais contre Napoléon, même son habileté rhétorique ne lui fut d'aucun secours.

Citoyen Consul, il n'est pas de vous, le mouvement qui vous porte à persécuter une femme et deux enfants : il est impossible qu'un héros ne soit pas le protecteur de la faiblesse. Je vous en conjure encore une fois : faites-moi la grâce tout entière. Laissez-moi vivre en paix dans la maison de mon père à Saint-Ouen ; elle est assez près de Paris pour que mon fils puisse suivre là-bas les cours de l'École polytechnique, et assez loin pour que je n'y tienne point de maison. Je m'en irai au printemps, quand la saison rendra les voyages possibles pour des enfants. Enfin, Citoyen Consul, réfléchissez un moment avant de causer une grande douleur à une personne sans défense. Vous pouvez par un acte de simple justice, m'inspirer une reconnaissance plus vraie, plus durable que beaucoup de faveurs peut-être ne vous en vaudront.
Je suis avec respect, Citoyen Consul, votre très humble et très obéissante servante.
Necker Staël de Holstein

Une fois de plus, la lettre demeura sans réponse. N'ayant toujours reçu aucune nouvelle le 12 octobre, madame de Staël retourna à Maffliers, toujours persuadée de pouvoir faire changer d'avis le Consul. Le lendemain, Napoléon signait son ordre d'expulsion. Et deux jours plus tard, un gendarme des plus courtois se présentait à la grille de la maison et remettait à madame de Staël l'ordre de se trouver dans les vingt-quatre heures à deux cents kilomètres de Paris.

Elle avait depuis longtemps l'idée de se rendre en Allemagne. Sous de nombreux prétextes, ayant toujours le gendarme à ses côtés, madame de Staël réussit encore à repousser la date du départ de près de deux semaines. Lorsque la calèche, avec deux de ses trois enfants, son compagnon Benjamin Constant, le précepteur et trois ou quatre domestiques, partit le 24 octobre, elle la fit arrêter peu après Paris, dans l'espoir que Napoléon changerait encore d'avis. Peine perdue. Son père lui écrivit : « Garde la tête haute dans le malheur et ne permets à nul homme sur terre, si puissant soit-il, de te mettre le pied sur la nuque. » Le fruit de ce voyage de six mois en Allemagne, qui devait être suivi d'un second quelques années plus tard, est l'ouvrage le plus célèbre de madame de Staël, intitulé tout simplement *De l'Allemagne*. L'édition originale parut en 1810 : Napoléon fit immédiatement pilonner tout le premier tirage de 10 000 exemplaires ; trois ans plus tard, l'édition française paraissait à Londres, où s'était entre-temps exilée l'auteur. La guerre – entre « l'empereur de la matière et cette impératrice de l'esprit », comme a dit Sainte-Beuve – n'était pas terminée pour autant. Après l'abdication de Napoléon en avril 1814, Germaine de Staël se réinstalla à Paris, le 12 mai ; elle était visiblement vieillie et en mauvaise santé, mais elle tint sa cour comme par le passé. « À la longue, le glaive est toujours vaincu par l'esprit », avait écrit Napoléon.

LA REINE VICTORIA A WILLIAM EWART GLADSTONE

La sphère des femmes

L a reine Victoria, qui régna sur le Royaume-Uni de Grande-Bretagne et d'Irlande pendant soixante-trois ans, de 1837 à sa mort en 1901, et donna son nom à toute une époque, ne fut pas une despote éclairée au sens d'une Catherine de Russie. La Grande-Bretagne était déjà en train de passer d'une monarchie parlementaire à une monarchie constitutionnelle où le monarque, roi ou reine, n'administrant et ne gouvernant plus, ne ferait que régner, et pour une large part à titre symbolique.

Du vivant de l'époux de Victoria, Albert de Saxe-Cobourg et Gotha, c'est lui qui s'occupait pour l'essentiel des affaires politiques, c'est donc à lui que revient le mérite d'avoir fait que la monarchie commençât de se tenir à l'écart de la lutte entre partis politiques. Mais Albert mourut en 1861, à l'âge de quarante-deux ans à peine. Dès lors, Victoria ne porta plus que des habits de deuil et ne se montra pratiquement plus en public. Certes, elle se pencha désormais très consciencieusement, à la place de son époux, sur les dossiers officiels qui lui étaient remis dans de petites mallettes de cuir rouge, mais elle négligea les devoirs de représentation de la couronne qui, en ces débuts de l'ère de la communication de masse, étaient pourtant plus importants que jamais.

On ne peut pas vraiment dire qu'elle fut un monarque « éclairé ». Certes, elle donna le bon exemple en acceptant, pour la naissance des deux derniers de ses neuf

LA REINE VICTORIA était mariée
à Albert de Saxe-Cobourg et Gotha ; après la mort prématurée de son mari,
elle porta le deuil jusqu'à la fin de ses jours.

enfants, d'être endormie au chloroforme – ce qui était alors très controversé, pour des raisons en partie religieuses – et elle ouvrit ainsi la voie à l'emploi de l'anesthésie dans les accouchements. Aux visions romantiques du mariage et de l'enfantement qu'elle observa chez sa fille aînée, Victoria, après le mariage de cette dernière avec le

La reine Victoria DANS LE CERCLE FAMILIAL, octobre 1882.

prince héritier de Prusse, elle sut opposer un réalisme de bon sens, et elle était loin de louer la maternité comme unique destin de la femme. Ce que sa fille lui écrivait sur la « fierté de donner la vie à une âme immortelle » était bel et bon, répondit-elle dans l'une de ses lettres, « mais je dois avouer que je ne peux pas te suivre tout à fait. Il me semble que dans ces moments-là, nous ressemblons plutôt à des vaches ou à des chiennes, quand notre malheureuse nature devient si animale et si inesthétique... Je trouve que notre sexe n'est pas du tout enviable. » Surtout, elle recommande à sa fille de ne pas passer sa vie avec des nourrices et des bonnes d'enfants, car cela a déjà gâté plus d'une jeune dame intelligente et cultivée, sans pour autant qu'elles aient mieux accompli leurs véritables devoirs de mères.

La reine Victoria n'était donc pas si « victorienne » que cela. Elle sut saisir et incarner avec un instinct infaillible les sentiments et les préjugés de la classe moyenne anglaise, qui connut alors un épanouissement sans précédent. Mais d'un autre côté – et à cet égard aussi, elle fut

un miroir des classes moyennes – elle s'éleva énergiquement contre l'ingérence du sexe féminin dans la politique et contre l'activité professionnelle des femmes. C'est ce qui ressort d'une lettre adressée au député libéral William Ewart Gladstone, qui de 1868 à 1885 occupa le poste de premier ministre en alternance avec le conservateur Benjamin Disraeli. En 1869, au Royaume-Uni, les femmes avaient recouvré, pour les élections municipales, un droit de vote partiel aboli plus de trente ans auparavant. L'année suivante, une nouvelle loi accordait aux femmes une forme de droit à la propriété même en cas de dissolution du mariage. En 1870, un autre projet de loi, qui prévoyait d'accorder aux femmes un droit de vote illimité, fut rejeté par Gladstone. Dans ce contexte, un débat passionné se déchaîna dans l'opinion publique sur la question de savoir quelle était finalement la véritable sphère naturelle de la femme. L'idée d'une stricte séparation entre vertus privées et publiques fut de plus en plus attaquée. La reine elle-même n'était-elle pas l'illustration de la capacité des femmes à jouer le rôle d'un homme dans le

La reine Victoria à son bureau, installé dans les jardins du palais.

règlement des affaires politiques et sociales ? Toutefois Victoria s'éleva énergiquement contre toutes les tentatives d'étendre le champ d'activité de ses consœurs au-delà des œuvres de bienfaisance.

Osborne, 6 mai 1870

« Les circonstances se rapportant à la loi qui voudrait donner aux femmes l'égalité des droits pour les élections au parlement conduisent [la reine] à faire remarquer qu'elle s'est efforcée depuis un certain temps d'attirer l'attention de **Mr Gladstone** sur les actuels efforts extravagants et complètement démoralisants qui entendent ménager aux femmes les mêmes positions professionnelles qu'aux hommes, entre autres dans le domaine de la médecine. (...) Elle attache beaucoup de prix à faire savoir que non seulement elle réprouve, mais elle abhorre ces tentatives qui mènent à la ruine de toute bienséance et de tout sentiment féminin – car tel serait le résultat inévitable de ces propositions. La reine est femme elle-même et sait combien sa propre position est anormale. Celle-ci peut manifestement s'accorder avec la bienséance et la raison, encore que cela soit terriblement pénible et pesant. Mais supprimer toutes les barrières et proposer que [des femmes] étudient avec des hommes, et des choses qui ne peuvent même pas être nommées en leur présence, et certainement pas dans une assemblée mixte, signifierait l'oubli de tout ce qui doit être considéré comme faisant partie des lois et principes de la morale.

Les sentiments de la reine face à ce cri de guerre dangereux, antichrétien et antinaturel, et à ce mouvement des « droits de la femme » sont si violents (...) qu'il lui importe beaucoup que **Mr Gladstone** et d'autres entreprennent quelque chose pour écarter ce danger alarmant, en se servant de son nom autant qu'ils le voudront (...).

EDITH STEIN A SA MARRAINE ET AU PAPE PIE XI

« L'effroyable antisémitisme qui règne maintenant partout »

Élève, puis assistante du philosophe Edmund Husserl, Édith devient professeur à son tour, se distinguant autant par ses brillants travaux en philosophie que par son engagement dans les causes féministes. Alors qu'elle est née juive dans une famille pratiquante, son parcours intellectuel et spirituel la conduit, progressivement, à adopter le catholicisme. En 1922, elle se fait donc baptiser.

Le 30 janvier 1933, Hitler devient chancelier d'Allemagne et, le 1er avril, bien que l'antisémitisme soit déjà installé depuis longtemps, il appelle officiellement les Allemands à boycotter les établissements et les commerces juifs.

À son amie et marraine,
la philosophe Hedwig Conrad-Martius
Münster-en-W., 5 avril 1933,

« Pax ! Ma chère Hatti,
(...) Mes proches à Breslau sont naturellement bouleversés et accablés. Pour notre commerce familial, cela ne fait malheureusement depuis longtemps plus grande différence d'être ouvert ou non. Mon beau-frère [Hans Biberstein] attend lui aussi d'un jour à l'autre d'être licencié (il est médecin chef à la clinique dermatologique de l'Université). Kuznitzky a déjà

La philosophe et théologienne allemande ÉDITH STEIN.

perdu son poste de chef de la station de dermatologie d'un hôpital de la ville. Chaque lettre apporte son lot de mauvaises nouvelles. (...)

AUSCHWITZ-BIRKENAU, panneau et étoile de David en souvenir d'Édith Stein.

Le 12 avril, Édith Stein fait transmettre une lettre au pape Pie XI pour l'alerter :

« **Saint Père !**
Comme fille du peuple juif, qui suis depuis onze ans, par la grâce de Dieu, fille de l'Église catholique, j'ose exprimer devant le Père de la chrétienté ce qui accable des millions d'Allemands.
Depuis des semaines, nous voyons en Allemagne se produire des agissements qui témoignent d'un total mépris de toute justice et de toute humanité, sans parler de l'amour du prochain. Des années durant, les chefs du national-socialisme ont prêché la haine des Juifs. Après qu'ils ont pris le pouvoir et armé leurs partisans, parmi lesquels se trouvent des criminels notoires, cette semence de haine a levé. Le gouvernement n'a reconnu que très récemment que des débordements se sont produits. Nous ne pouvons nous faire une juste idée de leur importance, tant l'opinion publique est bâillonnée.

(...) Nous tous qui sommes les enfants fidèles de l'Église et qui observons les événements qui se déroulent en Allemagne sans fermer les yeux, nous craignons le pire pour l'image de l'Église, si jamais son silence durait encore. Nous sommes aussi convaincus que ce silence ne sera pas en mesure d'acheter à long terme la paix face à l'actuel gouvernement allemand. (...)

Interdite d'enseignement par le régime nazi, elle entre au carmel de Cologne en 1933, sous le nom de sœur Thérèse-Bénédicte de la Croix, où elle poursuit ses travaux philosophiques. Ayant eu l'autorisation de partir se protéger en Hollande, au carmel d'Echt, elle sera cependant arrêtée en 1942 par la S.S. comme d'autres « Juifs de religion catholique », et déportée. Elle meurt gazée à son arrivée au camp d'Auschwitz-Birkenau.
Édith Stein sera béatifiée, puis canonisée par le pape Jean-Paul II.

SIMONE WEIL pendant la guerre d'Espagne à laquelle elle participa du côté républicain.

SIMONE WEIL, AUX FORCES ALLIÉES

Réflexion sur la liberté et l'engagement

Philosophe et militante politique, Simone Weil, qui fut au lycée Henri IV l'élève du philosophe Alain, se distingua par son engagement en faveur du pacifisme et sa participation à la guerre d'Espagne du côté républicain. Réfléchissant aux causes de la liberté, elle cherche à réhabiliter l'individu, seul capable de résister à la toute-puissance d'une société qu'elle juge largement déshumanisée. Les conditions tragiques de la Seconde Guerre mondiale l'incitent à réfléchir sur le rôle de la violence dans l'Histoire, mais aussi à un engagement personnel pour soutenir la cause qu'elle a faite sienne.

8, rue des Catalans
Marseille (Bouches-du-Rhône)

« **Demande pour être admise en Angleterre**
Je désire ardemment aller en Angleterre, non seulement parce que je souhaite passionnément la victoire anglaise pour le bien de la France, de l'Europe et de l'humanité entière ; mais aussi parce que je veux avoir part aux dangers et aux souffrances des gens qui luttent pour une cause que je regarde aussi comme la mienne. Si les Anglais, par malheur, devaient être vaincus, je ne souhaite pas survivre à une telle défaite ; s'ils ont la victoire, je désire, avant de voir cette victoire, avoir subi pour elle autant de souffrances et de dangers que ceux qui en subissent le plus. C'est mon désir le plus ardent. (...) En décembre 1939 et janvier 1940, j'ai eu une occasion plus sérieuse d'éprouver mes nerfs. En novembre j'avais lu simultanément le livre blanc anglais sur les camps de concentration en Allemagne, et, dans les journaux, la nouvelle des arrestations massives d'étudiants en Bohême. Ces horreurs m'obsédaient, et, à force d'y songer, je conçus le projet d'une opération mi-politique, mi-militaire. Des avions auraient transporté des volontaires – disposés à mourir – et beaucoup d'armes au-dessus de plusieurs camps de concentration, la même nuit, juste avant l'aube, et auraient laissé tomber le tout par parachutes ; les volontaires auraient armé et entraîné les prisonniers – notamment les jeunes Tchèques, récemment enfermés et non encore matés – et massacré les S.S. à la faveur de la surprise ; prisonniers et volontaires auraient marché sur la ville la plus proche et auraient tenu aussi longtemps que possible. (...)
La suite de la guerre ne m'a pas procuré d'autre occasion de m'éprouver moi-même. Je ne pus parvenir ni à faire aboutir en temps utile le projet exposé plus haut ni à être enrôlée dans les formations féminines auxiliaires. Je suis restée à Paris jusqu'au dernier jour, dans la pensée qu'on défendrait la ville ; je n'ai pris la résolution de partir que le 13 juin, après avoir vu sur les murs l'affiche

PARIS SOUS L'OCCUPATION : installation de panneaux d'indication en allemand place de la Concorde.

proclamant Paris ville ouverte. Je me suis arrêtée à Nevers, dans la pensée que peut-être la lutte reprendrait sur la Loire, mais là non plus il ne s'est à peu près rien passé. Puis l'armistice est venu. J'ai aussitôt résolu d'aller le plus rapidement possible en Angleterre, mais je n'ai pu y parvenir. (...)
Simone Weil

À l'amiral Leahy
10 mars 1941

« Excellence,
Ce qui me donne la hardiesse de vous écrire, c'est la pensée que je vais parler pour beaucoup de Français et de Françaises qui, dans toutes les régions de France, dans toutes les classes de la population, pensent bien des choses qu'ils ne peuvent dire. Ils éprouvent une profonde reconnaissance pour la générosité de l'Amérique, mais ils pensent qu'une telle générosité, pour être sage, devrait être assujettie à quelques conditions. Deux conditions, je pense, sont d'une grande importance.

En premier lieu, bien entendu, aucune aide donnée à la France ne devrait être, si peu que ce soit, nuisible ou dangereuse pour la cause de l'Angleterre. Bien des hommes et des femmes en France mourraient de faim avec joie s'ils sentaient que par là ils peuvent être utiles à l'Angleterre. N'y a-t-il pas des gens tués dans chaque guerre, hommes, femmes et enfants ? En France, puisque nous avons cessé le combat, il n'y a plus de tués, mais, comme nous sommes encore le cœur du côté de l'un des combattants, pourquoi ne souffririons-nous pas et même ne mourrions-nous pas, si nécessaire, pour la cause qui est encore la nôtre ? Jusqu'ici, cependant, il n'y a pas eu le moindre besoin d'héroïsme ; nous n'avons pas encore senti la faim. Cela peut venir, bien entendu, même dès demain ; mais bien des gens se sont plaints avant d'être affamés. (...)
La seconde condition à laquelle, à mon avis, devrait être subordonnée la générosité américaine est un meilleur traitement des étrangers dans ce pays. Vous connaissez, naturellement, tous les faits au sujet du mauvais traitement des étrangers en France, les camps de concentration, etc. – faits auxquels, en tant que Française, je supporte à peine de penser tant ils me font honte. En dépit de toutes les promesses officielles, ces choses honteuses continuent. J'ai même appris par hasard que, dans le camp de Vernet, il y a eu récemment une aggravation.
Dans l'intérêt de ces malheureux, dans l'intérêt des hommes et des femmes de France à qui l'honneur est plus cher que la nourriture, je pense que l'Amérique devrait refuser de donner aucune aide tant que ces cruels traitements n'auront pas réellement cessé – je veux dire cessé en fait, pas seulement sur le papier. (...)
Les USA ont en leur pouvoir, en tant que fournisseurs de nourriture, de faire cesser toute cruauté qui aurait lieu en France ; je vous en supplie, permettez-leur d'utiliser ce pouvoir ; je mourrais volontiers de faim pour un tel résultat.

LISE MEITNER À OTTO HAHN

«Beaucoup de choses dépendront de votre compréhension de ce que vous avez laissé faire»

Viennoise d'origine, Lise Meitner fut la deuxième physicienne à passer son doctorat à l'université de Vienne ; c'était en 1906, et elle avait près de trente ans. L'année suivante, elle vint à Berlin pour travailler avec le chimiste Otto Hahn, qui avait quatre mois de moins qu'elle, venait juste de soutenir sa thèse et pouvait déjà s'enorgueillir de découvertes significatives dans le domaine de la radiochimie. En Prusse, à cette époque, les femmes n'étaient pas encore admises à l'université. (L'interdiction fut levée en 1909, deux ans plus tard.) Au départ, Lise Meitner n'avait donc pas le droit d'entrer dans les salles de cours ni même au laboratoire de chimie que dirigeait Otto Hahn. Toutefois, pour ses expériences sur la radioactivité, on avait mis à la disposition d'Otto Hahn, au sous-sol de l'Institut, une salle qui avait initialement servi d'atelier de menuiserie et avait une entrée séparée. C'est dans ces conditions précaires (et, de notre point de vue d'aujourd'hui, avec une insuffisance totale en matière de mesures de sécurité) que débuta entre Otto Hahn et Lise Meitner une collaboration qui allait durer près de trente ans et aboutirait, dans les années 1938-1939, à la découverte de la fission du noyau atomique.

LISE MEITNER spécialiste de physique atomique et professeur de physique à l'université de Berlin, photographiée ici en 1937.

Mais à cette date-là, Lise Meitner n'était plus en Allemagne. Du fait de son ascendance juive, elle avait été privée en 1933 de l'autorisation d'enseigner : elle avait été la première physicienne diplômée d'une université

OTTO HAHN ET LISE MEITNER, dans leur laboratoire.

prussienne, et habilitée en 1922. Au début, elle put néanmoins continuer de travailler, car elle dirigeait depuis 1918 le département de physique atomique du Kaiser Wilhelm Institut, qui du fait de son statut spécial n'était pas entièrement soumis à la législation du fonctionnariat. Mais avec l'annexion de l'Autriche, qui conférait automatiquement à Lise Meitner la nationalité allemande, la situation devenait de plus en plus critique : elle représentait une menace pour l'Institut. Heinrich Hörlein, trésorier de la société des actionnaires, proposa que Lise Meitner donnât tout simplement sa démission. Même le « colloque » de physique du prix Nobel Max von Laue, auquel elle attachait beaucoup d'importance, ne lui était plus accessible. Otto Hahn, très soucieux de la sécurité de sa collaboratrice et amie, réussit alors, avec l'aide du chimiste hollandais Dirk Coster et d'autres collègues, à organiser l'émigration clandestine de Lise Meitner en Suède. La physicienne elle-même, alors dans sa soixantième année, ne fut pas mise dans le secret des préparatifs et se sentit apparemment évincée. Lorsqu'Otto Hahn obtint, en 1945, le prix Nobel de physique pour l'année précédente, Dirk Coster rouvrit d'anciennes blessures en écrivant à Lise Meitner : « Otto Hahn, prix Nobel ! Il l'a certainement mérité. Mais il est dommage que je vous ai enlevée de Berlin en 1938 (...) Sans quoi vous auriez été de la partie. Ce qui aurait été certainement plus juste. » Sauf que, dans ces conditions, Lise Meitner n'aurait sans doute pas survécu.

C'est peu après la fin de la guerre que Lise Meitner écrivit la lettre suivante, peu connue, à son vieux compagnon Otto Hahn, qui, comme il était alors interné en Belgique, ne la reçut sans doute pas. Elle nous a été conservée sous la forme de brouillon sténographié. Lise Meitner s'est beaucoup investie à l'étranger pour empêcher qu'on ne condamne globalement tous les savants qui étaient restés en Allemagne. Pourtant, ou précisément pour cette raison, elle s'arroge le droit de faire entendre sans ambages à ses anciens collègues et amis les reproches qui doivent leur être faits. Il est donc absolument logique qu'elle ait ignoré tous leurs efforts pour la faire revenir à leur ancien Institut, et qu'elle ait choisi de rester à Stockholm. Le prix qu'elle eut à payer pour sa sincérité fut que son propre travail scientifique fut de plus en plus éclipsé par celui d'Otto Hahn.

Stockholm, 1945

« Cher Otto,

(...) Tu peux imaginer combien je brûle d'avoir des nouvelles de vous. J'ai suivi très précisément les événements à travers les bulletins d'information anglais et je crois pouvoir espérer que le secteur dans lequel vous vous trouvez avec Laue ait été occupé sans combats. J'espère donc du fond du cœur que vous n'avez pas souffert personnellement. Bien sûr, vous allez connaître maintenant les pires difficultés, mais c'était inévitable. (...)

Je t'ai écrit en pensée, au cours de ces mois, de nombreuses lettres, parce que je me suis rendu compte que même des êtres comme toi et Laue n'avaient pas compris la situation réelle. Je l'ai observé p. ex. très clairement lorsque Laue m'a écrit, à propos de la mort de Wettstein, que sa mort était aussi une perte dans un sens plus large, parce que W[ettstein], vu ses capacités diplomatiques, aurait pu être d'une grande utilité à la fin de la guerre. Comment voudrais-tu qu'un homme qui jamais ne s'est élevé contre les crimes de ces dernières années puisse être d'une grande utilité pour l'Allemagne ? C'est bien là le malheur de l'Allemagne, que vous ayez tous perdu la mesure du droit et de la *fairness*. Tu m'avais rapporté toi-même, en mars 1938, que Hörlein t'avait dit qu'on allait faire des choses terribles aux Juifs. Il était donc au courant de tous les crimes projetés et perpétrés par la suite, et il était quand même membre du parti, et tu l'as toujours tenu – quand même aussi – pour quelqu'un de convenable et tu t'es laissé déterminer par lui dans ton comportement à l'égard de ton meilleur ami.

Vous avez tous travaillé pour l'Allemagne nazie et vous n'avez même jamais essayé d'opposer une résistance passive. Certes, pour vous racheter, vous avez porté secours ici ou là à quelque individu persécuté, mais en laissant assassiner des millions d'innocents, sans émettre la moindre protestation. Il faut que je t'écrive cela, car beaucoup de choses dépendront, pour vous et pour l'Allemagne, de votre compréhension de ce que vous avez laissé faire. Dans ce pays neutre qu'est la Suède, on s'est posé bien avant la fin de la guerre la question de savoir ce qu'il faudrait faire des intellectuels allemands, le conflit une fois terminé. D'abord quelle sera la position des Anglais et des Américains ? Je pense, et beaucoup pensent avec moi, qu'une solution pour vous consisterait à faire une déclaration publique disant que vous avez conscience d'avoir pris, du fait de votre passivité, une part de responsabilité dans ce qui est arrivé, et que vous éprouvez le besoin, si seulement ce qui est arrivé peut être réparé, d'y contribuer. Mais beaucoup pensent aussi qu'il est trop tard pour ça. Ceux-là disent que vous avez d'abord trahi vos amis, puis vos hommes et vos enfants, en les laissant engager leur vie dans une guerre criminelle, et qu'enfin vous avez trahi l'Allemagne elle-même, parce que, alors que la guerre était déjà irrémédiablement perdue, vous ne vous êtes même pas opposés à la destruction absurde de l'Allemagne. Cela peut paraître impitoyable, pourtant je crois que c'est l'amitié la plus sincère qui me fait t'écrire tout cela. – Que le reste du monde plaigne l'Allemagne, vous ne pouvez décemment pas l'attendre. Ce que l'on a appris ces derniers temps des atrocités inconcevables dans les camps de concentration dépasse tout ce qu'on avait pu redouter. En entendant à la radio britannique un reportage très factuel des Anglais et des Américains sur Belsen et Buchenwald, je me suis mise à pleurer bruyamment et je n'ai pas dormi de la nuit. Et si tu avais vu les gens qui sont arrivés ici sortant des camps. On devrait forcer un homme comme Heisenberg, et des millions d'autres avec lui, à regarder les camps et les détenus suppliciés. Sa visite au Danemark en 1941 a été inoubliable. Tu te souviendras peut-être que quand j'étais encore en Allemagne (...), je t'ai souvent dit : tant que c'est seulement nous qui ne dormons pas la nuit et pas vous, la situation ne s'arrangera pas en Allemagne. Mais vous n'avez pas eu d'insomnies, vous n'avez pas voulu voir, c'était trop inconfortable. Je pourrais te le prouver sur de multiples exemples, grands et petits. Je te prie de me croire quand je te dis que tout ce que je t'écris ici n'est qu'une tentative de vous aider.

Avec mes très affectueuses salutations à tous [ta Lise]

JEAN-PAUL SARTRE ET SIMONE DE BEAUVOIR

SIMONE DE BEAUVOIR À JEAN-PAUL SARTRE

«Ils y ont à terroriser le pays pour faire accepter les nouvelles taxes et leur politique antidémocratique»

Simone de Beauvoir est aux États-Unis avec Nelson Algren, l'écrivain américain qu'elle aime passionnément, à Gary, Indiana. Bien qu'elle soit éperdument amoureuse d'Algren, elle continue à entretenir une relation équivoque avec Sartre, contrariant ainsi l'amour que lui porte l'Américain. Elle est donc de l'autre côté de l'Atlantique, en pleine guerre froide, craignant la chasse aux sorcières qui fait rage aux États-Unis, ayant elle-même des affinités communistes.

Lundi 31 (juillet 1950)

« Mon cher petit. J'attendais impatiemment votre lettre : dix jours sans rien, je commençais à m'inquiéter. Envoyez des petits mots au besoin, mais écrivez mon doux petit, je m'égare dès que vous me manquez. Je meurs d'envie d'avoir des détails sur Claude Day et Dolorès. Pourvu que vous pensiez à envoyer votre prochaine lettre à Gary ! Nous nous y installons demain et d'ici on ne fera rien suivre puisque la maison sera vide. (...) D'autant que je suis la moitié du temps dans l'angoisse. Les journaux américains sont si déconfits que je pense que le retour de l'U.R.S.S. à l'O.N.U. est une bonne chose pour la paix ; mais ils parlent sans cesse d'une attaque communiste sur Formose, certains l'annoncent même pour le 10 août ; je sais que ça fait partie de leur propagande intérieure, ils y ont à terroriser le pays pour faire accepter les nouvelles taxes et leur politique antidémocratique, mais j'ai peur et l'optimisme aveugle d'Algren ne me rassure pas. Il y a une série d'articles étonnants dans le *Chicago Sun* en ce moment pour expliquer aux gens comment se défendre contre la bombe atomique : rester calme – porter des vêtements de couleur claire et aussi lâches que possible, des gants – obéir aux ordres, etc. Les gens ont l'air aussi travaillés par la propagande que ceux qui sont de l'autre côté du rideau ; une coiffeuse l'autre jour me demande : « C'est toujours aussi terrible à Paris ? et les communistes ? ils continuent à faire la loi chez vous ? » Bien entendu, tous les amis d'Algren sont des « progressistes » (bien déçus par Wallace d'ailleurs qui a finalement pris parti pour cette guerre de Corée) ; ils croient à la guerre pour dans un an ou deux. J'ai prévenu Algren que je rentrerais à Paris si les choses s'aggravaient. (...)

Votre charmant Castor

GERMAINE TILLION & GENEVIEVE DE GAULLE

«On doit réagir contre des habitudes criminelles»

Ethnologue en Algérie, Germaine Tillion est la figure même de la femme engagée. Durant la Seconde Guerre mondiale, elle est un personnage incontournable de la Résistance. Les actions qu'elle mène entraînent son arrestation le 13 août 1942, suite à une trahison ; elle est déportée, en octobre 1943, au camp de Ravensbrück où elle perd sa mère.
Libérée le 23 avril 1945, elle laisse de côté l'Algérie pour se concentrer sur une étude des camps de concentration. Mais son engagement humain ne s'arrêtera pas là. Se trouvant de nouveau en mission en Algérie, elle assiste aux conflits pour l'indépendance. Sa position vis-à-vis de cette guerre est tout à fait originale : elle ne prend parti ni pour la France, ni pour l'Algérie, préférant «faire la guerre aux horreurs de la guerre», elle dénonce la torture et les exécutions au sein de l'armée d'une part, et tente de faire stopper les attentats en Algérie d'autre part.

**Lettre au cardinal Feltin
7 décembre 1957**
« Éminence,
(…) J'ai beaucoup pensé, Éminence, à la question que vous m'avez posée, et qui est celle-ci : «Où commence la torture ?» (À ce propos, je me permets de vous rappeler que, lorsque la Commission internationale contre le régime concentrationnaire

a décidé d'enquêter sur les camps soviétiques, c'est moi-même qui ai été chargée de rédiger la définition du régime concentrationnaire ; ces horribles problèmes me sont donc familiers.) À cette question, il me semble qu'on peut répondre que la seule excuse à la violence pour un chrétien, c'est la légitime défense : un soldat qui tue dans un combat n'est pas coupable, car il défend sa vie ; dès que cesse la légitime défense, toute violence est coupable, mais il y a des degrés dans la culpabilité.
(…) Sur la torture, je possède une masse énorme d'informations et je peux dire que toute personne qui a été arrêtée à Alger depuis janvier 1957 jusqu'à maintenant, à moins d'intervention très puissante et très rapide, a toujours été torturée. J'ai chez moi actuellement une jeune fille musulmane de vingt ans qui a été torturée il y a trois semaines à l'électricité. Pour rien. Elle a d'ailleurs été relâchée au bout de trois semaines car il s'est avéré qu'elle ne connaissait même pas les gens qui avaient noté son nom sur un carnet. (…) Au cours des six derniers mois, de nombreuses jeunes filles musulmanes et chrétiennes et que je connais aussi personnellement ont été torturées également pour des motifs futiles ou sans motifs. (…)
Sur tous ces supplices, Éminence, il n'y a vraiment pas d'équivoque pour une conscience, même peu alertée, et la fameuse défense qu'invoquent les tortionnaires – en torturant un homme, vous pouvez en sauver cinquante

À gauche, GERMAINE TILLION, par Louis Monier, en 1972. À droite, GENEVIÈVE DE GAULLE-ANTHONIOZ, à son retour de Ravensbrück, témoigne sur les camps de concentration, le 19 juin 1945.

s'il avoue l'emplacement des bombes dont il dispose – se révèle être un faux argument, car au nom de cet argument on a torturé (quelquefois à mort) des personnes innocentes, pour un coupable problématique et qui n'avoue pas nécessairement. (...)

Geneviève de Gaulle-Anthonioz et Germaine Tillion, qui se sont connues à Ravensbrück, ont toutes deux reçu la grand-croix de la Légion d'honneur. À cette occasion, Geneviève de Gaulle lui adresse cet hommage :

Le 23 décembre 1999

« Ma chère Kouri,
Je t'ai vue pour la première fois au début de février 1944. Notre convoi, les vingt-sept mille, était en quarantaine et ta chère maman était de notre convoi. (...) La première chose que tu as faite, c'est de nous donner une connaissance. Parce qu'à partir du moment où nous avions une connaissance, nous pouvions lutter contre quelque chose. C'est là que tu nous as toujours précédées, dans chacun des drames qui ont ensuite accompagnés nos vies : je pense à la guerre d'Algérie, qui a été pour toi, comme elle l'a été pour beaucoup d'entre nous, vraiment un drame, tu nous as donné la possibilité d'arriver à comprendre, à comprendre avec un esprit vrai, un esprit juste, un esprit sans compromis. (...) Le chemin que tu nous as appris est celui de la justice et de la vérité. C'est un des chemins les plus difficiles à suivre parce que la justice, nous avons beaucoup de peine à y croire. Mais essayer de faire la justice dans nos propres cœurs, cela est quand même à notre portée. Voilà la seconde chose que tu nous as apprise.

Mais je voudrais dire aussi que, quand tu poursuivais ton chemin vers la connaissance, tu as toujours apporté ce que j'appellerais la *compassion*, c'est-à-dire que tu *souffrais avec*, au sens propre du mot. Tu souffrais avec quand il s'agissait bien entendu de nos pauvres camarades, cela va de soi, mais après tu as continué à souffrir avec, même quand tu voyais toutes les misères qui s'accumulaient. Dans tes livres, tu montres cette progression de la misère, cette espèce de fin de course où l'on se dit : « Cela n'est pas possible, cela ne peut pas aller plus loin ! » Mais je crois à cette connaissance qui n'est pas sèche, qui est une connaissance perpétuellement accompagnée par la compassion et qui tourne inévitablement vers l'action, parce que la connaissance est presque toujours liée à l'action. (...) Il y a autre chose que tu nous as appris aussi, qui est très précieux pour nous et que nous avons vraiment le désir intense de transmettre à nos descendants, c'est la reconnaissance de la valeur et de la dignité de chaque être humain. Cela, nous te le devons aussi – nous avons pu l'apprendre par d'autres, mais c'est l'une des choses que nous avons apprises de toi. Car tu as toujours reconnu dans chaque être humain, quelles que soient ses apparences, ce socle qui nous est commun. (...)

Pascal au XVIIᵉ siècle écrivit : « J'ai découvert que tout le malheur des hommes vient d'une seule chose, qui est de ne savoir pas demeurer en repos, dans une chambre. » À ce compte, les femmes de son époque, et même plus tard, auraient dû être tout à fait heureuses, puisqu'elles ne sortaient guère de leur cadre domestique. Au XVIIIᵉ siècle, lorsque la fièvre de la lecture se répandit chez les femmes de la bourgeoisie, l'une des causes les plus souvent avancées pour cette nouvelle occupation était leur « mode de vie sédentaire », comme on pouvait lire dans le *Guardian*. Longtemps encore, on vanta la chambre et son extension, la maison, comme étant le royaume naturel de la femme. C'est là, dans la contemplation de son refuge domestique et des objets qu'il contenait, qu'elle pouvait avoir le sentiment d'être tout à fait femme. C'est effectivement là, à l'abri du regard des hommes, que les femmes ont écrit leurs lettres d'amour, d'amitié ou de sollicitude, qui plus d'une fois compensaient l'absence de contacts directs ou de possibilité de voyager.

Avec l'entrée de nos sociétés dans la modernité, de plus en plus de femmes ont abandonné le « mode de vie sédentaire ». Elles partirent dans le vaste monde et risquèrent, soit par nécessité, soit par goût de l'aventure, l'exploit du grand départ. Et il faut bien dire que très longtemps, pour celui qui partait en voyage, non seulement la date du retour était incertaine, mais ce retour lui-même était tout sauf sûr. Nous avons oublié ce risque, car nos vacances sont une forme réduite du voyage tel que l'ont connu les XVIIIᵉ et XIXᵉ siècles – long périple d'exploration ou voyage d'apprentissage. Mais jadis, nombre de grands départs se faisaient sans certitude d'atteindre le but désiré, parfois même de n'en jamais revenir : « Le bateau a commencé à craquer, puis deux mâts se brisèrent, et leurs voiles avec, et les cordages furent déchirés et en lambeaux. Le bateau pencha alors très profondément et l'eau s'engouffra par l'ouverture comme si on la versait à seaux. Ils ne pouvaient pas la fermer, parce que nous serions tous morts étouffés. De peur, plus personne ne fut bientôt plus capable de prier », écrivit Angela Spoo, vingt-huit ans, à sa famille restée dans les monts de l'Eifel. C'est pour des rai-

LETTRES DE VOYAGEUSES

« JE ME DEMANDE SI NOUS RESTONS TOUJOURS LE MÊME ÊTRE HUMAIN QUAND TOUT DEVIENT AUTRE AUTOUR DE NOUS »

sons économiques qu'elle émigrait, en 1854, aux États-Unis avec son fiancé Nikolaus Heck, ouvrier tailleur. Ce ne furent pas toujours le confort et l'oisiveté qui amenaient à écrire des lettres, mais parfois les situations les plus critiques. Cela s'est vu une fois de plus avec les missives désespérées des émigrés fuyant le nazisme, et les lettres poignantes écrites dans les camps de concentration et d'extermination.

Une forme particulière de voyage fut caractérisée par la quête de ses origines propres ou éventuellement celle d'un endroit où mener une vie meilleure, inaugurée par Rousseau, et dans laquelle se lancèrent Arthur Rimbaud et Paul Gauguin, mais aussi Isabelle Eberhardt. Fille d'une émigrée russe, cette dernière se convertit à l'islam à vingt ans et entama une existence nomade. Habillée en homme, elle sillonna les pays du Maghreb, visitant non seulement les lieux saints, mais aussi les bars et les bordels, et vivant avec les bédouins. Elle mourut à vingt-six ans au Sahara, son abri, installé dans le lit d'un oued à sec, ayant été emporté par une crue après un orage. Le voyage est, dans ce cas, la recherche de paradis exotiques où l'on pourra encore mener une vie primitive, heureuse et délivrée autant que possible de la prospérité matérielle. De là au tourisme, du moins sous sa forme la plus aventureuse, il n'y a pas loin. Un autre phénomène de notre monde actuel a aussi des racines qui remontent au moins au XIXᵉ siècle, l'idée d'être chez soi partout et nulle part, propre à ces « voyageurs à l'âme planétaire » que sont de nos jours nombre d'hommes d'affaires travaillant dans le monde entier et toutes les superstars internationales. Nous trouvons déjà ce mode de vie, volontiers qualifié de « postmoderne », chez la cantatrice espagnole d'origine, mais née à Paris, Maria Malibran, première diva du monde de la musique, qui écrivit des lettres extrêmement vivantes.

MARIA MALIBRAN AU DIRECTEUR DU THEATRE ITALIEN

« Toujours par monts et par vaux »

Elle fut une figure culte de l'époque romantique et la première diva de l'Histoire. Comme la plupart des personnalités de ce type, elle était issue d'une famille d'artistes : le père, Manuel del Populo Vicente Garcia, était un ténor apprécié, l'un de ses trois enfants fut un professeur de chant très réputé, et la mère, Joaquina, était soprano. Maria avait trois ans lorsque ses parents quittèrent Paris pour Naples. À partir de ce moment, elle fut constamment en voyage. Le père, autoritaire, dirigeait une sorte de troupe d'opéra et de cirque ambulante, dont la famille Garcia constituait le noyau. Bien que de souche espagnole, Maria Malibran ne mit jamais les pieds dans le pays d'origine de ses parents. Elle était née en France ; en famille, on parlait espagnol, à l'extérieur français ou italien. Très vite, elle apprit ensuite l'anglais, mais elle ne maîtrisait parfaitement aucune langue.

Elle fit ses débuts le 11 juin 1825 au King's Theatre de Londres, où elle assura brièvement, dans *Le Barbier de Séville* de Rossini, le rôle de Rosine pour remplacer la *prima donna* de dix ans son aînée, Giuditta Pasta, qui était alors empêchée et fut aussi, les premiers temps, sa plus grande rivale. Faisant allusion à son nom avec quelque arrière-pensée, Maria Malibran écrivit un jour à la Pasta qu'elle avait tant d'admiration pour elle qu'elle aurait aimé la manger. Après ce début remarqué à Londres, le

MARIA MALIBRAN en Desdémone dans l'*Otello* de Rossini, portrait exécuté par François Bouchot vers 1830.

clan Garcia s'embarqua pour New York, partant à la conquête du Nouveau Monde avec des opéras italiens. La bonne réputation qui précéda la troupe ne correspondait pas vraiment à la réalité : le père avait déjà dépassé l'apogée de sa carrière, la mère ne se produisait plus, Maria était une débutante de dix-sept ans à peine, le fils n'était

À gauche, L'ANCIENNE RIVALE DE LA MALIBRAN, la *prima donna* Giuditta Pasta (1797-1865), en Anne Boleyn, portrait de Karl Brullov, 1834. La Malibran (représentée, à droite, chantant près du piano) comptait en 1830 de nombreux admirateurs dans son salon parisien : entre autres, Henri Heine, Johann Peter Pixis, François Joseph Fetis, Niccolò Paganini et Vincenzo Bellini.

jamais monté sur une scène, et les autres membres de la troupe étaient âgés ou inexpérimentés. New York marqua néanmoins le véritable début de la carrière exceptionnelle de la chanteuse : devant un public qui n'était pas aussi gâté ni aussi initié que celui des métropoles européennes, elle put réunir plus rapidement les expériences qui feraient d'elle plus tard, à Paris notamment, une étoile courtisée de tous.

Elle commença par chanter à nouveau Rosine, puis Desdémone dans l'*Otello* de Rossini, aux côtés de son père dans le rôle titre. Ce dernier était déjà apparu dans *Le Barbier de Séville*, où il jouait l'amoureux de sa fille. Rien d'étonnant à ce qu'ait couru le bruit d'une relation incestueuse. Ce père tyrannique et jaloux avait toute autorité sur Maria, empochait l'intégralité de ses cachets et la terrorisait. Ainsi l'aurait-il menacée, si elle ne maîtrisait pas le rôle de Desdémone au bout d'une semaine, de la tuer pour de bon dans la scène finale de l'opéra. Ne serait-ce qu'à cause de la peur qu'elle avait de son père, elle était absolument convaincante dans le rôle de la femme d'Otello ; mais lorsque le père, à la dernière scène, brandit son poignard comme le prévoyait le livret, elle aurait eu si peur qu'elle l'aurait mordu à la main, de telle sorte que le sang aurait réellement coulé sur la scène.

La seule chance qui s'offrit à Maria d'échapper à Manuel Garcia fut de se marier et d'abandonner le théâtre. Son choix se porta sur Eugène Malibran, homme d'affaires américain d'origine mi-française mi-espagnole, qui par l'âge aurait pu être son père, mais qui au contraire de ce dernier était d'un caractère plutôt doux. Lorsque la famille Garcia quitta New York en 1826, Maria y resta avec lui, mais bientôt la situation financière de son mari l'obligea à se produire en concert, même en dehors de New York. Un an plus tard, elle se sépara de lui et, à l'âge de dix-neuf ans, retourna en Europe – à Paris, où elle arriva en 1830, en pleine période romantique. Au début, les lettres qu'elle envoie à son mari resté à New York témoignent de sentiments sinon passionnés du moins sincères à son égard. Mais très vite, il apparut qu'elle était résolue, fût-ce au prix d'une séparation définitive, à suivre sa propre voie, et que cette voie devrait la mener vers des sommets. Un mois après son arrivée à Paris, elle fréquentait les meilleurs cercles, évinçant ainsi l'une de ses rivales, comme elle l'écrit à Eugène Malibran :

« J'étais le dernier cri. Madame Pisaroni a beaucoup de talent. Mais elle est laide, très laide, et elle fait des grimaces en chantant. Comme j'ai une allure tout à fait passable et que je ne me déforme pas le visage, cela aurait déjà suffi à m'assurer le succès, mais pas de souci, ce n'a pas été pour ça. Par la suite, j'ai chanté chez la comtesse Merlin, devant une assemblée brillante, où j'ai remporté tout le succès sur lequel je pouvais fonder quelques espoirs. Les gens ne parlent de rien d'autre que

ALFRED DE MUSSET (1810-1857) fut passionnément épris du jeu et du chant de la Malibran.

de ma technique, de ma voix, de ma façon de chanter, ils disent que je suis digne de succéder à la Pasta, et ils disent encore que j'ai beaucoup d'atouts qu'elle n'a pas. Tu vas dire : et voilà, elle se laisse prendre à des flatteries, elle se laisse séduire par des flagorneries. Rassure-toi, mon ami. Celles qui ont parlé ainsi, ce sont des dames, sans que je veuille prétendre pour autant qu'il n'y ait eu aucun gentleman. Mais quand Rossini, madame Rossini, qui jusqu'à ce jour n'a jamais de sa vie fait un compliment à personne, vient vers moi les bras ouverts, me serre dans ses bras et me fait mille compliments devant tout un tas de gens, (...) c'est une raison pour moi de penser qu'il y a quelque chose de vrai là-dedans.

Outre sa technique raffinée et une voix exceptionnelle couvrant près de trois octaves, l'autre secret du succès de la Malibran était son excentricité comme comédienne, une virtuosité poussée à l'extrême, que nous ressentirions sans doute aujourd'hui comme une expressivité outrée. Elle n'avait aucun contrôle de soi et interprétait ses rôles différemment à chaque représentation.

Musset, qui fut l'un de ses plus ardents admirateurs, parmi lesquels on comptait aussi Stendhal, George Sand, Alexandre Dumas et bien d'autres, écrivit à propos d'une de ses apparitions : «L'un de ses chants les plus connus était le célèbre Rataplan qu'elle avait composé elle-même et qui, avec ses "rrrrr" roulés des roulements de tambour, son refrain entraînant, ses couplets qui font comme des vagues et le tempo sur lequel il doit être chanté, est une périlleuse acrobatie pour n'importe quelle chanteuse. »

L'excentricité était le trait distinctif de la Malibran, non seulement à la scène, mais aussi dans la vie. Elle aimait la vitesse, elle était en cela une représentante d'avant-garde de la vie moderne, changeante et précipitée. Devant régler des affaires privées, elle n'hésita pas un jour à partir tout à coup de Milan pour Bruxelles. Et comme elle trouva le voyage trop long, sans autre forme de procès, elle grimpa sur le siège du cocher et fouetta les chevaux. En de telles occasions, ne serait-ce que par commodité, elle portait de préférence des habits d'homme. Sur la route de Lucques à Milan, où elle se rendait pour la saison d'automne, elle aurait dû traverser une zone infestée de choléra. Elle décida sans ambages de poursuivre son voyage à pied par un sentier muletier, en franchissant le col de Cisa dans les Apennins. Vingt-cinq hommes, huit bœufs et six ânes transportaient ses bagages, qui n'étaient pas vraiment réduits ; son compagnon masculin était transporté dans une sorte de litière, elle-même allait devant, en chantant. Sa sœur aurait dit d'elle, plus tard : « Elle était toujours par monts et par vaux ; ne pouvant pas se tenir tranquille un seul instant, elle n'était pas capable de s'occuper avec un livre ou une broderie. »

Les difficultés commencèrent lorsque Maria Malibran prit pour amant le violoniste Charles Auguste de Bériot : enceinte à plusieurs reprises, elle fit des fausses couches répétées, qui peuvent sans doute aussi s'expliquer parce que la venue d'un enfant eût été une menace pour sa carrière. C'est ce qui semble ressortir d'une lettre à un ami inconnu, après qu'elle eut signé un contrat extrêmement lucratif pour quarante représentations à Milan :

« Une seule chose me tracasse, c'est de ne pas savoir si j'aurai le temps de tenir cet engagement à Milan... psst, il faut que cela reste entre nous – j'espère que je pourrai me tirer d'affaire de la même façon que la dernière fois. En l'état actuel des choses, je n'en dirai mot, au cas où je pourrais me métamorphoser... disons sous la forme d'un balai de sorcière.

C'est sur LA SCÈNE DU THÉÂTRE ITALIEN À PARIS
que la chanteuse conquit son public, mais elle s'aliéna ses faveurs en 1831,
lors d'une représentation ratée. En 1834, Maria Malibran incarna Desdémone
à la Scala de Milan et connut à nouveau un triomphe.

Mais les grossesses eurent un effet dévastateur sur sa santé et son état psychique, déjà très instable. Elle se voyait de plus en plus souvent contrainte d'annuler des représentations, ce que le public lui reprochait de plus en plus, mettant cela sur le compte de son caractère capricieux. La lettre suivante, qu'elle écrivit en 1831 au directeur du Théâtre italien à Paris, annonçait déjà ce qui la conduirait à quitter précipitamment la capitale l'année suivante :

« **Mon cher Robert,**
Pour la première fois de ma vie, le public, généralement si aimable et si indulgent avec moi, s'est montré froid, glacial et malveillant. Qu'ai-je donc fait pour lui déplaire ? Se peut-il que le public m'en ait voulu parce qu'on donnait un autre opéra que celui qui était annoncé ? Je ne me sentais pas bien, j'étais malade, je n'étais guère en mesure de chanter ce petit rôle de Zerline. (...) Avant tout pour ne pas te contraindre à décevoir le public en faisant annuler la représentation, j'ai accepté un rôle qui m'a rendue encore plus malade que je ne l'étais déjà, et qui a attiré en outre sur moi la désapprobation des spectateurs, parce que tout le monde a bien vu qu'on mettait le changement de programme sur le compte d'un mouvement d'humeur de ma part. Je suis désolée, mon cher Robert, de
t'ennuyer avec le genre de désagréments que j'ai connus ce soir. Mais je suis profondément blessée, parce que tu n'as pas mis le public au courant des circonstances exactes. Si je puis m'estimer heureuse d'obtenir quelque succès, j'ai le sentiment que c'est une large récompense pour tous les efforts que j'ai pris sur moi de faire, au détriment de ma santé. Mais si, alors que je me suis tuée pour satisfaire tout le monde, je rencontre un accueil d'une froideur que je n'ai certainement pas méritée, le découragement m'envahit et je ne me sens pas assez forte pour oser prendre le risque de remonter sur scène avant d'avoir récupéré toutes mes forces. Je te jure que je n'hésiterais pas un seul instant à rompre mon contrat et à quitter le théâtre si je pouvais le faire sans nuire à tes intérêts. Bref, ma demande est que tu me réhabilites immédiatement aux yeux du public, par la presse ou par quelque autre voie, et ce avant samedi soir – car, à dire vrai, je tremble à l'idée de me produire à nouveau.

Au cours des six années qu'il lui restait à vivre après avoir fui Paris, Maria Malibran connut des succès spectaculaires en Italie et en Angleterre, et fut la cantatrice la mieux rémunérée de toute l'Europe. Mais de plus en plus souvent, elle payait les ovations, les bouquets de fleurs, les hurlements d'enthousiasme et les apothéoses de tous ordres par un épuisement physique et psychique qui allait jusqu'à la dépression. Elle se sentait comme une esclave, à qui les gens donnaient de l'argent pour qu'elle les divertît. « Une fin comme on ne peut en imaginer de plus mélancolique, nota dans son journal intime Victoria, future reine d'Angleterre et l'une des nombreuses admiratrices de la Malibran. Arriver dans une auberge, dans un pays étranger, sans avoir personne qui s'occupe de vous, et y mourir. Quelle triste et tragique fin pour une brillante carrière. »
Maria Malibran était enceinte à nouveau et avait refusé l'assistance d'un médecin après une chute de cheval à Regent's Park, à Londres, aussi très certainement parce que son état aurait alors été ébruité. Elle continua donc de se produire, poussée par la peur que le public se retourne contre elle. Deux mois avant sa mort, son agenda plein d'engagements programmés, elle écrivait à un ami : « Je chante encore..., mais ma voix m'abandonne. C'en est fini de moi. »
Elle avait tout juste vingt-huit ans.

LADY LUCIE DUFF-GORDON A SA FAMILLE

Lettres d'Égypte

Lady Duff-Gordon, atteinte de tuberculose, voyage en Égypte, puis s'y installe définitivement sur les conseils de son médecin. Issue de la *gentry* éclairée de l'Angleterre victorienne, à aucun moment elle ne se sent dépaysée dans l'Égypte de cette seconde moitié du XIXᵉ siècle. Attentive à la misère des autres et vivant à l'écart du milieu européen, elle écrit à sa famille restée en Angleterre des lettres qui racontent une véritable tranche de vie, dans une relation quasi fusionnelle avec la communauté de paysans arabes et musulmans au sein de laquelle elle passe ses dernières années ; ces fellahs l'avaient d'ailleurs surnommée : « Lumière d'en haut ».

Gebel-Cheik-Embarak, mardi (1862)

« Je me suis arrêtée hier soir à Feshn, mais, apprenant ce matin que mes amis coptes n'étaient attendus que cet après-midi, je n'ai pas voulu passer toute la journée en cet endroit, et nous avons continué notre voyage en luttant contre le courant et le vent. Si je savais parler arabe, quelques jours passés avec Girgis et sa famille m'auraient amusée beaucoup, et j'aurais pu apprendre un peu de leurs idées ; mais l'anglais d'Omar est trop imparfait pour autre chose que les objets élémentaires. Ce qui me frappe le plus, c'est l'esprit de tolérance que je trouve partout. Les gens disent : « Ah ! c'est votre coutume ! » et ils n'expriment aucune espèce de condamnation ; les mahométans et les chrétiens paraissent être parfaitement bien ensemble, comme le prouve mon histoire de Bibeh. J'ai encore à voir le fanatisme dont on parle tant ; jusqu'à présent je n'en ai saisi aucun symptôme. Omar m'assure que Girgis est un homme excellent et très aimé. Les villages ressemblent à de petites élévations sur des fonds de boue taillée en morceaux carrés. Les meilleures maisons ne sont ni peintes, ni blanchies, ni enduites de plâtre, ni en briques ; elles n'ont ni fenêtres, ni toits visibles. Au premier abord on n'a pas l'idée que ce soit là une habitation humaine ; mais l'œil s'accoutume bientôt à l'absence de tout ce qui constitue une maison en Europe ; l'impression de misère s'efface et l'on aperçoit combien ces huttes sont pittoresques, avec leurs palmiers, avec les hauts pigeonniers et, par-ci par-là, un dôme qui s'élève au-dessus de la tombe d'un marabout. (...)

El-Ouksour, 7 avril 1864

« Nous sommes en pleine moisson, et jamais dans les songes je n'ai vu de spectacle si beau dans tous les détails, depuis les moissonneurs tout bruns jusqu'aux jolis petits bambins tout nus qui les aident, grimpés sur les nobles bœufs qu'on fait travailler dans l'aire. Une de mes connaissances, un certain Abd-er-Rahman, est Booz, et, quand je suis assise avec lui sur l'aire, c'est pour moi une énigme de savoir si vraiment je vis ou si je n'existe qu'en imagination dans le livre de Ruth. On jouit d'un vrai *kief* sous les palmiers quand on a sous les yeux un tel spectacle. La moisson, cette année, est magnifique ; jamais je n'ai vu de récoltes si pleines et si lourdes. Il n'y a pas d'épizootie en cette contrée ; par contre il y a

David Roberts, LOUXOR SUR LE NIL, 1839.

beaucoup de maladies dans le peuple. Je fonctionne fréquemment comme médecin, et souvent je suis inquiète, car je ne peux pas refuser d'aller voir ces pauvres gens et de leur donner des médicaments, quoique j'aie de grandes craintes tout le temps de la crise. (…) Je voudrais savoir dessiner ou faire au moins des photographies. Le groupe que j'ai observé chez le cheik El-Abaddeh il y a quelques nuits était ravissant (excepté toutefois mon vilain chapeau et moi-même) : les boucles noires, la draperie blanche, les armes archaïques des hommes, le gracieux et splendide cheik « noir, mais superbe » comme la Sulamite. Le khamsin, à Thèbes, est plutôt agréable qu'autre chose, seulement la poussière est détestable ; mais le vent n'est pas étouffant, parce qu'il descend le fleuve.

El-Ouksour, 13 mars 1865
Thermomètre à 84° F dans mon divan à 4 heures.

« J'espère que vous n'avez pas été effrayé par les bruits de bataille, de meurtre et de mort soudaine, dans cette partie du monde. Il y a une semaine, nous avons entendu dire qu'un bateau prussien avait été attaqué, que tous ceux qui étaient à bord avaient été tués et le bateau brûlé ; on ajoutait que dix villages étaient en pleine révolte, que l'*effendina* (le vice-roi) lui-même était venu et qu'il « avait pris un balai et fait table rase », c'est-à-dire qu'il avait exterminé les habitants. (…)
Un des drogmans a voulu me persuader de redescendre le Nil, mais Youssouf se met à rire à l'idée d'un danger quelconque. Il affirme que les gens d'ici se sont battus plus d'une fois avec les Bédouins et qu'ils ne seront pas attaqués par une poignée d'hommes, comme ceux qui sont sur la montagne. Au besoin les Abou-el-Hadjadich (famille d'Abou-el-Hadjadi), les Shourafa, « mettront leur sceau » pour attester que je suis leur sœur, et ils répondront de moi sur la vie de chacun d'eux. (…)
Le pacha lui-même est à Girgeh, à ce qu'on dit, avec des bateaux à vapeur et des soldats ; s'il y a le moindre bruit, on enverra des bateaux à vapeur pour prendre tous les Européens. Ce qui me rend triste, c'est de penser aux pauvres villageois, dont toute la petite propriété est confisquée. Coupables et innocents sont tous compris dans une ruine commune.
On me dit qu'il y a un mécontentement général. La tentative de régler les prix des comestibles qu'a faite le pacha a eu les résultats ordinaires à des essais de ce genre ; naturellement, l'élévation des prix actuels est attribuée à cette mesure. Je ne crois pas du tout à une révolution ; le peuple est trop accoutumé à souffrir et à obéir. (…)

GERTRUDE BELL A SON COUSIN HORACE MARSHALL

« Je ne suis pas moi »

Elle était toujours « entourée d'hommes », comme l'écrit sa biographe Janet Wallach, et toute sa vie, elle évolua dans des milieux réservés de son temps aux hommes. Voyageant en Arabie, elle était considérée comme « homme *honoris causa* ». Pourtant Gertrude Bell, cette victorienne un peu raide, aux cheveux roux et aux yeux verts, n'était pas une femme faite pour les hommes, ne serait-ce que par son besoin d'indépendance. Lorsqu'elle tomba mortellement amoureuse pour la première fois, cette fille d'une famille d'industriels britannique, première femme à avoir obtenu un diplôme d'histoire à Oxford, était déjà arrivée en Perse, le pays de ses rêves. Au cours des trois précédentes saisons de bals, elle s'était montrée sur le marché matrimonial de son pays, mais sans rencontrer un homme qu'elle pût considérer sur un pied d'égalité et par conséquent comme un parti possible. Gertrude Bell se heurtait à un problème que rencontrent de plus en plus de femmes aujourd'hui. Par leur culture, leur ouverture au monde, et parfois aussi leur courage pour prendre des risques, elles sont supérieures aux hommes avec lesquels elles pourraient nouer une relation ; le résultat est l'ennui et l'indifférence de leur côté, et, du côté masculin, des sentiments d'infériorité et un mouvement de fuite presque instinctif.

Il y avait à peine une semaine qu'elle était à Téhéran quand Gertrude Bell fit la connaissance du diplomate

D'Oxford à l'Orient : l'exploratrice et écrivaine GERTRUDE BELL.

Henry Cardogan, qui avait dix ans de plus qu'elle ; il était séduisant, intelligent et cultivé, et ils avaient des centres d'intérêt communs. Il partit avec elle à cheval dans le désert, l'accompagna à la résidence de campagne du shah, lui lut les poètes persans et lui enseigna la chasse au

GERTRUDE BELL en pique-nique avec le roi FAYÇAL IER D'IRAK (deuxième depuis la droite), en 1922.

faucon. La lettre que Gertrude Bell, à vingt-six ans, adressa à son cousin Horace Marshall, son camarade de jeu préféré dans leur enfance, reflète, sans prononcer une seule fois le nom de son compagnon, ni même en mentionner l'existence, l'atmosphère sereine et prometteuse de ces jours. Mais elle témoigne aussi de la fascination qu'elle éprouva toute sa vie pour le Moyen-Orient. Gertrude Bell a repris quelques-uns des passages de la lettre dont nous reproduisons ici des extraits dans son récit de voyage publié deux ans plus tard : *Persian Pictures*.

Gulahek, le 18 juin 1892

« Cher cousin, je me demande si nous restons toujours le même être humain quand tout devient autre autour de nous : l'entourage, les relations, les connaissances. Ici, l'être que j'appelle mon moi, et qui à sa manière féminine se laisse emplir comme un récipient vide, s'emplit d'un vin dont je n'avais aucune idée en Angleterre. Or, pour qui a soif, le vin importe plus que le pichet ; j'en conclus, mon cher cousin, que la femme qui t'écrit aujourd'hui de Perse n'est plus la même que celle qui dansait avec toi rue Mansfield. (...) Quoi qu'il en soit : je me souviens de toi comme d'une très chère et semblable créature d'une vie antérieure ; j'aimerais bien te faire passer avec moi dans ma vie actuelle, c'est pourquoi je trace à l'encre les sentiers par lesquels ton âme peut me rejoindre. (...) Et donc je t'écris, sous toutes réserves, de Perse : je ne suis pas moi, c'est ma seule excuse. (...) Donc : ici les hommes portent des vêtements flottants dans des tons de vert, blanc et marron, et les femmes lèvent leur voile comme les madones de Raphaël pour te regarder quand tu passes ; partout où il y a de l'eau foisonne une végétation florissante, et là où il n'y en a pas, il n'y a que de la pierre et le désert. Oh, ce désert autour de Téhéran ! – des miles et des miles, où rien ne pousse, rien ; avec tout autour de pâles montagnes nues, couronnées de neige et profondément ravinées par les torrents. Je ne savais pas ce que c'était qu'un désert avant que d'arriver ici. C'est quelque chose d'absolument merveilleux ! Tout à coup, du néant, d'un tout petit peu d'eau froide, jaillit un jardin. Et quel jardin ! – des arbres, des fontaines, des étangs, des roses et au milieu une maison, une de ces maisons comme dans nos contes pour enfants ! tapissée de minuscules pavés de verre miroitant qui tracent des motifs merveilleux, recouverte de tuiles bleues, son sol couvert de tapis, emplie du bruits et de l'écho du clapotis de l'eau qui s'écoule et du ruissellement des fontaines. C'est là qu'habite le prince dans son enchantement : cérémonieux, digne, avec de longs vêtements. Il vient à ta rencontre pour te

En 1917, des souverains arabes vinrent rendre visite au Résident britannique à Basra. On voit sur cette photo de groupe Gertrude Bell au deuxième rang à côté de sir Percy Cox, représentant de la Grande-Bretagne en Arabie.

saluer quand tu entres, sa maison est la tienne, son jardin est le tien, son thé et ses fruits – tout est à toi... **Votre esclave espère que par la grâce de Dieu, la santé de votre Grâce est excellente ? Oui, elle l'est, louée soit Son immense bonté. Votre Splendeur veut-elle bien prendre place sur ce coussin ? Votre Splendeur s'installe et passe dix minutes à échanger avec son hôte des compliments fleuris qu'un interprète traduit, tandis qu'on sert des sorbets et du café. Ensuite, tu repars à cheval chez toi, rafraîchie, ravie, après que toutes sortes de bénédictions aient été répandues sur ta bienheureuse tête... Ah, nous, en Occident, nous ne connaissons pas l'hospitalité et nous ne savons pas ce que c'est que les bonnes manières. (...) J'apprends le persan ; sans trop d'insistance, mais ici on ne fait rien avec insistance.**

Toutefois, Gertrude Bell et Henry Cardogan ne devaient pas connaître l'avenir commun pour lequel ils avaient vite forgé des plans. Le père refusa son consentement au mariage. Cardogan était certes issu d'une famille britannique noble, mais il ne pouvait prétendre à aucun héritage, et surtout c'était un joueur lourdement endetté. Gertrude Bell se plia à la décision paternelle, mais elle espérait bien arriver finalement à faire changer son père d'avis.

En dépit de cette séparation épouvantable, elle continuerait d'agir comme par le passé, écrivit-elle à la maison : « Certains vivent toute une existence sans avoir la chance de connaître quelque chose d'aussi merveilleux. Je l'ai vécu au moins et j'ai découvert les possibilités qu'offrait la vie – seulement, bien sûr, on pleure un peu quand on doit se détourner à nouveau et reprendre son ancienne existence étriquée. » Huit mois plus tard, elle recevait un télégramme de Téhéran lui annonçant la mort de son bien-aimé. Il était tombé dans l'eau glacée d'un fleuve où il pêchait et n'avait pas survécu à la pneumonie qui s'en était suivie.

Gertrude Bell compensa la perte de ce grand amour par une activité fébrile. Elle parcourut dans les années suivantes toute la planète. Elle traversa des contrées où nulle Européenne n'avait encore mis les pieds et dont on n'avait pas même encore de carte géographique. Elle apprit l'arabe, le persan et le turc, ce qui lui fut extrêmement utile dans ses nombreux voyages au Proche et au Moyen-Orient, ainsi qu'au cours des missions qu'elle assura ultérieurement pour l'Empire britannique. Avec deux guides de montagne, elle fit l'ascension de neuf sommets de l'Oberland bernois, et elle fut la première à escalader la paroi est du Finsteraarhorn. En Mésopotamie, elle fit le relevé des vieilles citadelles du désert et se lança avec succès dans l'archéologie. Elle devint l'orientaliste la plus demandée de son temps et rédigea, répondant à une commande des deux chambres du Parlement, un livre blanc sur le développement de la Mésopotamie. Elle se lia d'amitié avec Lawrence d'Arabie, qu'elle aida à fomenter une révolte des Arabes contre les Turcs. Elle intervint pour l'intronisation du roi Fayçal Ier d'Irak. Elle tomba encore amoureuse deux fois : en 1913, du diplomate Charles Doughty-Wylie, qui toutefois ne divorça pas pour elle, et mourut du reste peu après, comme Cardogan ; puis, dans les années 1920, de Kinahan Cornwallis, conseiller de Fayçal, de dix-sept ans plus jeune, qui bien que divorcé ne voulut pas se marier avec elle. Lorsque Vita Sackville-West vint la voir à Bagdad, six mois avant son suicide, elle fut frappée par l'« indomptable vitalité et le talent particulier » qu'avait Gertrude Bell « d'arracher les autres à leur torpeur en leur donnant le sentiment que la vie était palpitante et valait la peine d'être vécue ». Mais en même temps, elle dit l'air fragile et maladif qu'avait cette femme, naguère appelée la « fille du désert » et la « reine non couronnée d'Irak ».

ALEXANDRA DAVID-NEEL A SON MARI

«Une lettre de plus que je me fais grand plaisir de t'écrire»

Sa jeunesse, Alexandra David-Néel la décrit comme un temps gâché, vide, auprès de parents qui la privent d'indépendance et de liberté. La majorité atteinte, elle part étudier la philosophie à Londres, puis voyage un peu partout dans le monde grâce à son métier de chanteuse d'opéra. En 1904, elle épouse Philippe Néel, puis avec l'accord de son mari, elle part en Asie, en 1911, pour un voyage de dix-huit mois... qui se transforme en un périple à pied de quatorze ans. Durant cette aventure, Philippe Néel est un confident à part entière comme en témoigne leur correspondance qui, débutant en 1904, ne prendra fin qu'à la mort de ce dernier en 1941. «Conserve les lettres dans lesquelles je te donne des détails sur les pays que je parcours et les gens que j'y vois. Mes seules notes sont ce que je t'écris», lui dit-elle depuis le Tibet où elle voyage.

Kum-Bum [Tibet], 16 septembre 1918

« (...) Avant-hier, j'errais, après une visite à un vieux lama, dans les galeries entourant la cour d'honneur du grand hall de réunion. Les murs y sont ornés de grandes toiles représentant les 35 Bouddhas conventionnels. Le peintre est un artiste remarquable car les toiles sont de véritables œuvres d'art. Chaque Bouddha est assis « en lotus » mais avec une autre attitude des mains et des bras, et les physionomies aussi, quoique à première vue semblables, ont des expressions différentes. Je ne me lassais pas de regarder cette collection de portraits d'êtres symboliques s'étendant au long d'interminables vérandas. En présence de peintres d'une autre école et issue d'une autre conception, on se serait, à la fin, senti comme regardé par tous ces yeux rangés sur votre passage. Ici, non. Les Bouddhas ne regardent pas « au-dehors » ; c'est « en-dedans » que leurs yeux brillants à demi-clos contemplent des choses qui nous échappent, nous que l'illusion du mirage mouvant des phénomènes aveugle. (...)

Alexandra David-Néel avait une connaissance suffisante du tibétain pour pouvoir rencontrer les plus grands lamas et avoir accès à leur enseignement. Elle passe trois années d'études au monastère de Kum-Bum, mais ne néglige pas les excursions pittoresques comme ce temple chinois.

Kum-Bum, 12 août 1920

« (...) Nous grimpons vers l'endroit où nous croyons trouver le temple. C'est une montée raide entre deux murailles de rochers. Le sentier devient tellement mauvais qu'Aphur passe devant et fait arrêter les bêtes pour voir si elles pourront continuer. Il arrive au temple

Vue de LHASSA et du palais du Potala dans les années 1930.

avec de beaux grands yeux comme en ont les prêtres tao-sse bien que les Chinois, en général, aient les yeux petits, un bel homme en somme. La plupart des Occidentaux deviendrait fous à vivre ainsi et c'est presque un dogme parmi eux que la solitude mène à la folie, à l'abrutissement. Il en va autrement en Orient où beaucoup de gens, qui sont loin d'être toujours de grands penseurs, pratiquent aisément la vie d'ermite sans aucun dommage pour leurs facultés mentales, au contraire. (...)

À cinquante-six ans, Alexandra est la première femme à entrer dans Lhassa grâce à son déguisement de moine chinois. Bien que cet exploit soit devenu mythique, l'endroit lui plaît peu.

Lhassa, 28 février 1924 (date approximative)

« (...) Cette excursion aurait été considérée comme hardie pour un homme jeune et robuste, qu'une femme de mon âge l'entreprît pouvait passer pour une pure folie, néanmoins mon succès est complet, mais si l'on m'offrait un million pour recommencer l'aventure dans les mêmes conditions que je crois bien que je refuserais. (...)

Je compte quitter Lhassa à bref délai. La ville est sans grand intérêt. Je suis rassasiée des visites aux lamaseries ; j'en ai tant vues ! (...) J'y suis allée parce que la ville se trouvait sur ma route et aussi parce que c'était une plaisanterie bien parisienne à faire à ceux qui en interdisent l'accès.

Ce qui m'a enchantée, c'est ma visite à ce que l'on peut appeler les vallées chaudes d'un pays froid. J'ai vu un Tibet inconnu des explorateurs, contemplé des paysages extraordinaires qui surpassent en splendeur tout ce que j'ai vu dans l'Himalaya et ailleurs et j'ai pu, au mois de janvier, accrocher à mon sac une branche d'orchidées sauvages. Qui pense à ce pays-là quand on parle du Tibet glacial qui borde l'Himalaya ou le Turkestan chinois ? (...)

composé de trois maisonnettes accrochées aux rochers. Il n'y pas moyen de camper ni de loger là, il n'y a pas deux mètres de terrain de niveau. Il faut redescendre la « cheminée », ce qui est moins aisé encore que d'en faire l'ascension et, comme on nous l'a conseillé, nous hisser au sommet de la montagne par une autre « cheminée ». Je me demandais si je verrais jamais le bout de celle-ci, mais la fin de tout se voit toujours et, vers les sept heures du soir, nous étions installés parmi les herbages marécageux du sommet d'où la vue est très belle et d'où le temple s'aperçoit très au-dessus de soi.

L'histoire du sanctuaire, qui appartient au rite tao-sse, est celle-ci. Il y a une centaine d'années un ermite s'y retira et s'absorba en méditations profondes, sans manger ni boire, dit la légende. Son tombeau est là confié à un seul prêtre qui vit tout seul aussi, ne recevant des visiteurs que pendant les jours de pleine lune des mois d'été. Tout le reste de l'année c'est la solitude complète. C'est un homme qui peut avoir 35 ou 40 ans, très grand

Alexandra David-Néel AVEC SON FILS ADOPTIF ET COMPAGNON DE VOYAGE,
le lama Aphur Yongden, lors d'un de ses voyages.

L'aventurière ELLA MAILLART, vers 1935.

ELLA MAILLART A SA FAMILLE

«Où êtes-vous?»

Inlassable voyageuse, Ella Maillart rêve de prendre le large dès son plus jeune âge. Lorsque sa meilleure amie, Miette de Saussure, achète le voilier *La Perlette*, les deux jeunes filles se lancent dans une expédition de six mois le long des côtes de Méditerranée : elles ont à peine vingt ans. Des années 1920 jusqu'aux années 1950, la soif d'aventures pousse Ella Maillart à parcourir le monde à la recherche de contrées lointaines et mal connues. Ni ce rythme de vie effréné, ni l'absence de service postal dans les coins les plus reculés du monde ne l'empêchent d'entretenir avec ses proches une correspondance les informant de sa vie quotidienne : « [Mes lettres] sont toujours écrites en grandes hâte pendant les minutes où je ne suis ni trop fatiguée ni trop occupée, et conséquemment elles sont toujours gribouillées. » Lorsqu'elle écrit cette lettre, Ella Maillart est en mer, quittant l'Afrique pour l'Asie :

À bord du *Porthos*, (Au large de Ceylan)
24 sept. (1934)
« Mes chers,
Le voyage s'allonge et par moment il me semble qu'il ne prendra fin qu'avec la vie ; on se sent une chose passive emportée sans pouvoir. (...)
Djibouti est une ville plate, à moitié sauvage au bout d'une presqu'île dénudée sans prétention et nous y sommes restés 3 heures juste le temps d'aller à terre et de voir que ça avait beaucoup de gueule grâce aux indigènes et que l'idée qu'on peut s'en faire d'après les bouquins de Monfreid n'est pas déçue. (...) Malgré le soleil qui tape dur à 2 heures – je n'ai pas voulu courir de risque et avais emprunté un casque colonial à l'un des officiers – nous sommes allés faire un tour en auto. À part une petite oasis, c'est tout de suite le désert, sable et cailloux noirs, avec des dromadaires ou des troupeaux de chèvres décoratifs : les indigènes ont une allure splendide, même s'ils portent un parapluie ou une tignasse décolorée. Ils ont quelque chose de noble et méprisant qui est fort curieux lorsqu'ils vous demandent sans trop insister un *bakchich* en échange de la photo qu'on vient de prendre d'eux. Ils sont bien noirs de peau avec des dents éclatantes et des yeux tristes, et pour moi ma première impression de vraie Afrique, aussi j'en étais fort excitée et désolée de passer partout en trombe : seulement entre les cases du quartier réservé la Ford s'est arrêtée. Nous étions entourés de femmes aux belles poitrines et cheveux crépus. J'ai photographié à bout portant et suis anxieuse de voir les résultats de mes premiers travaux sur peaux noires... mais avec la chaleur de l'eau à bord j'ai peur de développer et que l'émulsion fonde. (...)
Tant que je pourrai, j'écrirai par avion, et je pense que quand je serai plus au nord, en passant par la Sibérie cela ira plus vite.
Temps lourd et chaud, tête vide – voilà le bilan au sud des Indes. Et dire que vous commencez à avoir froid peut-être.
Bons baisers de Kini

KAREN BLIXEN en safari au Kenya, vers 1918.

KAREN BLIXEN A SA FAMILLE

« J'ai foi en cette ferme ; je suis convaincue qu'elle marchera bien »

Karen Dinesen, de son nom de jeune fille, naît dans une riche famille danoise. Jeune fille, elle fait la connaissance des frères jumeaux Hans et Bror Blixen-Finecke, ses cousins éloignés. Ils sont très proches, et mènent une vie de luxe et de plaisirs, rythmée par les parties de chasse, les courses de chevaux...

Le 23 décembre 1912, Karen, qui a vingt-sept ans, se fiance, par dépit, à Bror, alors qu'elle voue à son jumeau Hans un amour passionné, mais non partagé. Leur oncle commun, Mogens Frijs, encourage le jeune couple à s'installer en Afrique orientale, présentant la région comme une terre pleine de promesses, propice à l'enrichissement : Bror acquiert une plantation de café au Kenya.

Le 2 décembre 1913, Karen quitte le Danemark pour rejoindre son fiancé qui se trouve déjà sur place. Le jour même de son arrivée, elle l'épouse à Mombasa, puis part s'installer avec lui dans leur ferme.

Durant cet exil volontaire, elle écrit régulièrement à sa mère, Ingeborg, et à son frère Thomas, ses plus proches confidents. Elle s'acclimate très facilement au Kenya, appréciant « la vie à la sauvage » qu'elle y mène, la chasse devenant sa grande passion.

Mbagathi Esatate
Nairobi
Le 17 oct. 1914

« Mon cher Tommy,
C'est à toi que j'envoie cette lettre car tu es certainement, chez nous, celui qui peut le mieux comprendre le grand bonheur qu'engendrent les expériences auxquelles elle a trait. Je viens de passer quatre semaines sur les terrains de chasse fortunés et je sors tout droit des profondeurs et de la magnificence de la grande nature à l'état brut, d'une vie digne du commencement des temps, semblable aujourd'hui à ce qu'elle était il y a mille ans, du face-à-face avec des grands fauves, qui vous captivent, vous obsèdent au point de vous laisser l'impression que rien d'autre que des lions ne peut donner un sens à votre vie – revigorée par le grand air de la haute montagne, bronzée par le soleil, pleine du spectacle de sa splendeur sauvage, libre, puissante, lors des journées éblouissantes de chaleur et des grandes nuits claires de lune. Je fais sincèrement amende honorable envers les chasseurs dont je ne comprenais pas l'enthousiasme. Il n'y rien au monde qui puisse être comparé à la chasse.
(...) Nous avons suivi notre guide et nous nous sommes tous mis à taper du pied tout autour du gué – et tout à coup j'ai vu une énorme bête couchée sur l'herbe haute,

Karen Blixen À LA CHASSE AUX LIONS, lors d'un safari en 1914.

à environ 100 mètres de nous, j'ai touché le bras de Bror, il a porté ses jumelles à ses yeux et dit très rapidement : « *It's a lion* », a changé de fusil et tiré. Le lion était couché la tête sur les pattes, et regardait droit dans notre direction. Il a reçu la balle en pleine poitrine et s'est effondré sans un bruit. C'était un grand mâle. Je me suis approchée de lui et j'ai vu la vie disparaître de ses yeux ; c'était ma première rencontre avec un lion et je ne l'oublierai jamais. (...)

À la ferme, tout est en ordre. Mais comme la civilisation peut rendre la vie ennuyeuse ! La sécurité, vers laquelle elle tend de toutes ses forces, ainsi que les efforts qu'elle déploie pour tout connaître et tout classer suffisent à lui enlever tout charme – et ce n'est que dans la « jungle » des très grandes villes qu'on retrouve celui-ci...

Karen Blixen, qui vit au Kenya de 1914 à 1931, se passionne pour la ferme de culture du café, exploitation immense et féodale, qu'elle a décrite dans *La Ferme africaine*. Se sentant beaucoup d'empathie pour l'« âme noire », elle décrit les mœurs, les lois, la forme de pensée à la fois mythique et panthéiste des Africains qui travaillent pour elle.

À sa mère, Ingeborg Dinesen
Ngong, 29/4/1923

« (...) J'aimerais bien avoir un jour une école dans cette ferme ; au fond je ne sais pas s'il est préférable de pouvoir maintenir les *natives* au stade primitif qui est le leur, mais je considère que c'est *out of the question*. La civilisation les atteindra forcément, sous une forme ou sous une autre, et il me semble qu'il vaut mieux veiller à ce que ce soit sous la meilleure forme possible. Cela m'amuserait beaucoup d'en avoir une et surtout de leur apprendre également diverses formes d'artisanat, ainsi qu'une meilleure hygiène ; de façon générale, ils sont très désireux d'apprendre mais *horriblement* instables. Je crois que pour un *native*, c'est une torture que de faire le même travail pendant un certain temps, mis à part cette misérable forme d'agriculture à laquelle ils sont habitués depuis 10 000 ans.

Je peux le voir à mes modèles ; ils geignent et font des difficultés pour rester assis sans bouger et à regarder la même chose pendant un certain temps, alors qu'on pourrait croire que c'est tout à fait dans leurs aptitudes.

Les deux époux s'éloignent de plus en plus, d'autant que Bror Blixen, qui est dépensier et volage (il lui a transmis la syphilis), a une gestion désastreuse de la ferme, qui risque la faillite à plusieurs reprises. Karen Blixen prend en main l'exploitation mais la situation de la ferme reste déplorable malgré son acharnement.

À Ingeborg Dinesen
Ngong, dimanche 18 mai 1930

« (...) C'est cette anxiété véritablement épouvantable dans laquelle je vis perpétuellement, quant à mon avenir tout en entier, qui m'empêche de me concentrer et de parvenir à rédiger quelque chose qui ressemble à une lettre qui soit à la fois riche quant au contenu et divertissante. Tu me plains parce que je suis seule mais tu n'as pas à le faire, cela me convient parfaitement bien et ne me paraît jamais pénible ; mais cette perpétuelle marche en équilibre sur le bord du gouffre m'oblige à vivre vraiment sur les nerfs et ceux-ci doivent être traités avec ménagement, dans les circonstances actuelles... Cette ferme, ou ce milieu dans lequel je vis, est la seule chose dont je sois vraiment responsable dans ma vie et il me semble, à moi, que cela a une valeur, indépendamment de l'aspect financier de la chose – or, pendant tout le temps où je m'en suis occupée, son avenir n'a tenu qu'à un fil. La grande confiance que tous les noirs ont en moi et dans le fait que je vais tout arranger pour le mieux en ce qui les concerne, et ma propre conviction que cette confiance est fondée sur des bases extrêmement mal assurées, tout cela épuise pour ainsi dire toute mon énergie morale. (...)

La situation financière de la plantation se dégrade d'année en année et Karen Blixen doit se résigner à vendre et part pour Danemark en juillet 1931.

À Ingeborg Dinesen,
Ngong, 17 mars 1931

« (...) J'aurais en effet dû répondre à ton télégramme et à celui de Tommy. Mais il se trouve que tout est plongé dans une telle incertitude ; il m'est pratiquement impossible, pour l'instant, de m'occuper de façon quelconque de mes propres projets, et encore bien moins de prendre quelque décision que ce soit. Car il reste bien des *shauries* à propos de la ferme, des réunions à Nairobi, etc., et puis il y a mes noirs. Avant que leur sort ne soit réglé – du mieux possible, et je ne sais pas exactement ce que cela pourra signifier en l'occurrence –, je n'aurai

Karen Blixen devant SA MAISON AU KENYA, vers 1930.

ni le temps ni la force de régler quoi que ce soit en ce qui me concerne. Tu me comprends, ils sont assis là toute la journée, ils courent après moi lorsque je passe à pied ou à cheval et ils me disent : « Pourquoi veux-tu partir ? Il ne faut pas que tu partes, qu'allons-nous devenir ? »
(...) Il ne faut pas que tu croies que, bien que cela se soit terminé par un tel échec, je pense que j'ai « gâché ma vie » ici, ou bien que je sois prête à échanger celle-ci avec quelqu'un de ma connaissance. (...)
Un vaste univers de poésie s'est ouvert à moi et m'a laissé pénétrer en lui, ici, et je lui ai donné mon cœur. J'ai plongé mon regard dans celui des lions et j'ai dormi sous la Croix du Sud, j'ai vu les grandes plaines être la proie des flammes et alors qu'y poussait une herbe verte et tendre après la pluie, j'ai été l'amie de Somali, de Kikuyu et de Masai et j'ai survolé les Ngong Hills – « j'ai cueilli la plus belle rose de la vie, grâces en soient rendues à Freja » –, je crois que ma maison, ici, a été une sorte de refuge pour les passants et pour les malades et qu'elle a été pour les noirs le centre d'un *friendly spirit*. Ces derniers temps, les choses ont été plus difficiles. Mais il en est ainsi dans le monde entier. (...)
Tanne

BIBLIOGRAPHIE & CRÉDITS ICONOGRAPHIQUES

Sources et bibliographie

Parmi les recueils de lettres de femmes, **Stefan Bollmann** a surtout utilisé : *800 Years of women's letters* (Olga Kenyon, Winchester, Faber and Faber, 1992), *England schreibt* (Karl Lerbs, Hambourg, 1937) et *Briefe von Liselotte von der Pfalz bis Rosa Luxembourg* (Claudia Schmölders, Francfort/Main, 1988).

La biographie d'Elizabeth Barrett Browning qui fait autorité est celle de Margaret Foster (New York, 1989).

À propos de la liaison amoureuse entre Virginia Woolf et Vita Sackville-West, Susanne Amrain a écrit un merveilleux livre, *So geheim und vertraut* (Francfort sur le Main, 1994).

Les *Jane Austen's collected letters* ont été éditées par R. W. Chapman et publiées en deux volumes par Oxford University Press.

La première édition complète des « lettres secrètes » de Marie-Thérèse et de Marie-Antoinette a été publiée à Vienne en 1952.

Sous le titre *Die Schopenhauer*, Ludger Lütkehaus a publié la correspondance familiale entre Adele, Arthur, Heinrich Floris et Johanna Schopenhauer (Zurich, 1991).

La lettre de la reine Victoria provient du *Biographisches Lesebuch* de K. Tetzeli v. Rosador et A. Mersmann (Munich, 2000).

La lettre de Lise Meitner figure dans l'ouvrage de Fritz Krafft, *Im Schatten der Sensation, Leben und Wirken von Fritz Strassmann* (Munich, Carl Hanser Verlag, 1981) : Stefan Bollmann remercie très cordialement Dieter Hoffmann, le biographe de Max Planck, de lui avoir fait connaître cette lettre.

La vie de Maria Malibran est contée en détail dans la biographie publiée par April Fritzlyon en 1989 : *Diva of the Romantic Age*. (Biographie en français : *La Malibran*, Gonzague Saint Bris, Belfond, 2009).

La biographie de référence de Gertrude Bell a été écrite par Janet Wallach : *Königin der Wüste [Reine du désert]*.

Les traducteurs du présent volume sont revenus aux textes originaux (tant des lettres que d'autres citations) et les ont traduits eux-mêmes, de l'allemand et de l'anglais, à l'exception de la *Correspondance 1923-1941* entre Virginia Woolf et Vita Sackville-West (Stock, 1985, 2010), et de certaines des *Lettres de la princesse Palatine 1672-1722* (Mercure de France, 1981).

Les deux lettres de madame de Sévigné sont citées d'après sa *Correspondance*, (Bibliothèque de la Pléiade, Gallimard, 1972).

Les *Lettres* de Julie de Lespinasse sont publiées en édition de poche (La Table ronde, 1997).

Les lettres échangées par George Sand et Alfred de Musset figurent dans la grande édition de la *Correspondance* de George Sand (Classiques Garnier, 26 vol., 1964-1995).

La *Correspondance* entre George Sand et Gustave Flaubert a été publiée chez Flammarion par Alphonse Jacobs en 1981.

Certaines lettres reproduites ne figuraient pas dans l'ouvrage allemand :

La première lettre de mademoiselle de Montpensier vient des *Mémoires de Mlle de Montpensier...*, vol. 7 (Edme Dufour et Ph. Roux, Maastricht, 1776). La lettre à Louis XIV a été reproduite dans *Lettres de mademoiselle de Montpensier...* (Collin, 1806).

La correspondance entre René de Chateaubriand et Juliette Récamier est regroupée dans *Chateaubriand, lettres à madame Récamier* (sous la direction de Maurice Levaillant, Flammarion, 1998).

Les lettres de Juliette Drouet sont citées d'après *Je ne veux qu'une chose, être aimée : cinquante lettres de Juliette Drouet à Victor Hugo* (La Maison de poésie, 1997).

Les lettres de Simone de Beauvoir sont extraites de *Lettres à Nelson Algren, un amour transatlantique 1947-1964* (Folio, Gallimard, 1997).

Une partie de la correspondance de madame du Deffand a été publiée dans *Cher Voltaire, la correspondance de madame du Deffand avec Voltaire* (Isabelle et Jean-Louis Vissière, Des femmes, 1987).

Le billet et la lettre adressés à Yolande de Polignac figurent, par exemple, dans *Marie-Antoinette, correspondance (1770-1793)* (Évelyne Lever, Tallandier, 2005).

Les lettres de Colette à Marcel Proust sont extraites de *Lettres à ses pairs* (Flammarion, 1973).

Les lettres échangées par la philosophe et l'écrivain sont extraites de *Hannah Arendt et Mary McCarthy, Correspondance 1949-1975* (Stock, 1996, 2009).

Les deux lettres de Camille Claudel à sa mère figurent dans *Correspondance* (Gallimard, 2003).

Les lettres de Françoise Dolto proviennent du recueil *Lettres de jeunesse* (Gallimard).

Les lettres d'Édith Stein proviennent de l'ouvrage *Correspondance*, tome 1, 1917-1933, Herder Verlag (traduites en français par Cécile Rastoin aux éditions du Cerf).

Œuvres complètes, IV : Écrits de Marseille (Gallimard, 2008) comporte les lettres de Simone Weil citées ici.

L'extrait de la correspondance de Simone de Beauvoir figurant dans le chapitre « Lettres de femmes d'influence » provient de *Lettres à Sartre. 1940-1963* (Gallimard, 1990).

La lettre de Germaine Tillion et le discours de Geneviève de Gaulle-Anthonioz sont extraits de *Fragments de vie*, de Germaine Tillion (Seuil, 2009) et du *Siècle de Germaine Tillion*, de Tzvetan Todorov (Seuil, 2007).

Lady Lucie Duff-Gordon qui vit loin de sa famille pour des raisons de santé lui fait parvenir des lettres rassemblées dans *Lettres d'Égypte* (traduction de Mrs Ross, J. Hetzel, Paris, 1879 – disponibles dans un volume du même titre aux éditions Payot).

Le recueil *Correspondance avec son mari* contient les lettres d'Alexandra David-Néel, paru aux éditions Plon.

La lettre d'Ella Maillart à sa famille est tirée de son ouvrage *Cette réalité que j'ai pourchassée*, paru aux éditions Zoé, Genève, 2003.

Les *Lettres d'Afrique (1914-1931)* de Karen Blixen sont parues en français chez Gallimard, dans une traduction de Philippe Bouquet.

Pour sa préface, **Laure Adler** s'est tout particulièrement référée aux ouvrages suivants : *L'Épistolaire, un genre féminin ?* un recueil d'études dirigé par Christine Planté (Honoré Champion, 1998) ; deux ouvrages de Mona Ozouf, *La Cause des livres* (Gallimard, 2011) et *Les Mots des femmes : essai sur la singularité française* (Fayard, 1995, puis TEL Gallimard, 1999) ; l'indispensable *Histoire des femmes en Occident* en 5 volumes de Michelle Perrot et Georges Duby (Plon, 1991, rééditée par Perrin, 2002) ; deux essais de Virginia Woolf, *Une chambre à soi* (10-18, 2001, traduction de Clara Malraux) et *Suis-je snob ?* (Rivages poche, 2012, traduction de Maxime Rovere), et enfin, bien sûr, la *Correspondance* de madame de Sévigné.

Crédits iconographiques

Iconographie de l'édition originale allemande

p. 15, g. : ullstein bild/Granger Collection – p. 15, d. : ullstein bild/Granger Collection ; The Bridgeman Library – p. 16 : MGM/The Kobal Collection – p. 17 : John Kobal Foundation/Getty Images – p. 19 et p. 20 : The Bridgeman Art Library – p. 21 : The British Library – p. 23 : The Bridgeman Art Library – p. 24 : ullstein bild/KPA – p. 26, g. et d. : akg-images – p. 31, g. et d. : ullstein-bild/Granger Collection – p. 32 : akg-images – p. 38 : The Bridgeman Art Library – p. 39 : ullstein-bild/Granger Collection – p. 41, p. 43 et p. 47, g. : The Bridgeman Art Library – p. 47, d. : National Portrait Gallery, Londres – p. 48 : The Bridgeman Art Library – p. 49 : Alexander Turnbull Library – p. 50 et p. 52 : The Bridgeman Art Library – p. 64 et p. 66 : akg-images – p. 67 : ullstein bild/AKG Pressebild – p. 75 : Jane Austen Memorial Trust – p. 76 : ullstein bild/Granger Collection – p. 78 : bpk/RMN – p. 79 : The Art Archive/Musée George Sand et de la Vallée Noire La Châtre/Gianni Dagli Orti – p. 81, g. : ullstein bild – p. 81, d. : ullstein bild/Granger Collection – p. 82 : Alexander Turnbull Library – p. 83 : ullstein bild/Granger Collection – p. 95, g. : bpk – p. 95, d. : The Bridgeman Art Library – p. 96 : akg-images – p. 97, g. : Österreichische Nationalbibliothek – p. 100 : ullstein bild – p. 101 : The Bridgeman Art Library – p. 104 : Klassik Stiftung Weimar – p. 106 : akg-images – p. 108 : Klassik Stiftung Weimar – p. 110 et p. 112 : ullstein bild/Granger Collection – p. 118 : akg-images/RIA Nowosti – p. 120 et p. 121, d. : Sylvia Plath Estate – p. 132 : The Bridgeman Art Library – p. 137, g. : DR – p. 137, d. : akg-images/Laurent Lecat – p. 138 : The Bridgeman Art Library – p. 139, p. 140 et p. 141 : The Royal Collection – p. 147 : DR – p. 148 : akg-images – p. 156 : akg-images/Erich Lessing – p. 157, g. : picture-alliance/maxppp – p. 157, d. : ullstein bild/The Granger Collection – p. 158 : ullstein bild/Roger Viollet – p. 159 : akg-images – p. 162 : ullstein bild/TopFoto – p. 164 : bpk

Iconographie additionnelle pour l'adaptation française

p. 28 : Sotheby's/akg-images – p. 28 : RMN (Château de Versailles)/Hervé Lewandowski – p. 34 : RMN/Agence Bulloz – p. 37 : The Wallace Collection, Londres, Dist. RMN/The Trustees of the Wallace Collection – p. 40 : Gusman/Leemage – p. 44 : RMN (Musée d'Orsay)/René-Gabriel Ojéda – p. 51 : Estate Gisèle Freund/IMEC Images/Collection Centre Pompidou, Dist. RMN/Guy Carrard – p. 53 : Lebrecht/Leemage – p. 55 : Estate Gisèle Freund/IMEC Images/Collection Centre Pompidou, Dist. RMN/Adam Rzepka – p. 56 : The Granger Collection NYC/Rue des Archives – p. 57 : Frida Kahlo, *Autoportrait en robe pourpre*, huile sur toile, 1926, collection particulière © 2011 Banco de México Diego Rivera Frida Kahlo Museums Trust, Mexico, D.F/ADAGP, Paris 2011. Photo © Jorge Contreras Chacel/Bridgeman Art Library – p. 58 : Estate Brassaï – RMN. Photo © RMN/Gérard Blot – p. 59 : Estate Brassaï – RMN. Photo © RMN/Michèle Bellot – p. 61, g. : Elliott Erwitt/Magnum Photos – p. 61, d. : Rue des Archives/Tal – p. 68 : RMN/Gérard Blot – p. 70 : RMN (Château de Versailles)/Gérard Blot – p. 72 : PrismaArchivo/Leemage – p. 84 : Photo-Re-Pubblic/leemage – p. 87 : Estate Gisèle Freund/IMEC Images/Collection Centre Pompidou, Dist. RMN/Georges Meguerditchian – p. 88 : UA/Rue des Archives – p. 91, g. : Oscar White/Corbis – p. 91, d. : Sylvia Salmi/Bettmann/Corbis – p. 97, d. : Rue des Archives/Tal – p. 98 : Musée Carnavalet/Roger-Viollet – p. 102 : The Bridgeman Art Library – p. 103, g. : Collection du Château de Coppet/©MP/Leemage – p. 103, d. : akg-images – p. 105 : Süddeutsche Zeitung/Rue des Archives – p. 109 : akg-images – p. 113 : Rue des Archives/BCA – p. 115 : Rue des Archives/Collection Gregoire – p. 116 : Pierre Choumoff/Roger-Viollet – p. 119 : Bettmann/Corbis – p. 121, g. : Writer Pictures/Leemage – p. 122 : Süddeutsche Zeitung/Rue des Archives – p. 123 : Rue des Archives/The Granger collection – p. 124 : Musée des Beaux Arts de Poitiers/Selva/Leemage – p. 126 : AAD Françoise Dolto/Harcourt/AFP – p. 127 : Rue des Archives/Collection Bourgeron – p. 130 : RMN/Michèle Bellot – p. 131 : akg-images – p. 134 : The Granger Collection NYC/Rue des Archives – p. 142 : Rue des Archives/RDA – p. 143 : Ira Nowinski/Corbis – p.144 : Hulton Archive/Getty Images – p. 146 : Rue des Archives/Tal – p. 150 : ullstein bild/Roger-Viollet – p. 153, g. : Louis Monier/Rue des Archives – p. 153, d. : Rue des Archives/AGIP – p. 161 : The Fine Art Society, London, UK/The Bridgeman Art Library – p. 163 : Mary Evans/Rue des Archives – p. 166 : Rue des Archives/BCA/CSU – p. 167 : ullstein bild/akg-images – p. 168 : Keystone Zurich/Rue des Archives/SPPS – p. 170 : Hulton Archive/Getty Images – p. 172 : Rue des Archives/RDA – p. 173 : akg-images

Achevé d'imprimer sur les presses de Korotan, Slovénie en février 2012